I0566829

DISCLAIMER

The author and publisher are providing this book and its contents on an "as is" basis and make no representations or warranties of any kind with respect to this book or its contents. The author and publisher disclaim all such representations and warranties, including but not limited to warranties of merchantability. In addition, the author and publisher do not represent or warrant that the information accessible via this book is accurate, complete, or current.

Except as specifically stated in this book, neither the author nor publisher, nor any authors, contributors, or other representatives will be liable for damages arising out of or in connection with the use of this book. This is a comprehensive limitation of liability that applies to all damages of any kind, including (without limitation) compensatory; direct, indirect, or consequential damages; loss of data, income, or profit; loss of or damage to property; and claims of third parties.

Copyright © 2022 LINGUAS CLASSICS

BESTACTIVITYBOOKS.COM

All rights reserved. No part of this book may be reproduced or used in any manner without the written permission of the copyright owner except for the use of quotations in a book review.

FIRST EDITION - Published 2022

Extra Graphic Material From: www.freepik.com
Thanks to: Alekksall, Starline, Pch.vector, Rawpixel.com, Vectorpocket, Dgim-studio, Upklyak, Macrovector, Stockgiu, Pikisuperstar & Freepik.com Designers

This Book Comes With Free Bonus Puzzles Available Here:

BestActivityBooks.com/WSBONUS20

5 TIPS TO START!

1) HOW TO SOLVE

The Puzzles are in a Classic Format:

- Words are hidden without breaks (no spaces, dashes, ...)
- Orientation: Forward & Backward, Up & Down or
  in Diagonal (can be in both directions)
- Words can overlap or cross each other

2) ACTIVE LEARNING

To encourage learning actively, a space is provided next to each word to write down the translation. The **DICTIONARY** allows you to verify and expand your knowledge. You can look up and write down each translation, find the words in the Puzzle then add them to your vocabulary!

3) TAG YOUR WORDS

Have you tried using a tag system? For example, you could mark the words which have been difficult to find with a cross, the ones you loved with a star, new words with a triangle, rare words with a diamond and so on...

4) ORGANIZE YOUR LEARNING

We also offer a convenient **NOTEBOOK** at the end of this edition. Whether on vacation, travelling or at home, you can easily organize your new knowledge without needing a second notebook!

5) FINISHED?

Go to the bonus section: **MONSTER CHALLENGE** to find a free game offered at the end of this edition!

Want more fun and learning activities? It's **Fast and Simple!**
An entire Game Book Collection just **one click away!**

Find your next challenge at:

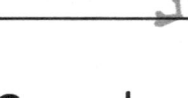

BestActivityBooks.com/MyNextWordSearch

Ready, Set... Go!

Did you know there are around 7,000 different languages in the world? Words are precious.

We love languages and have been working hard to make the highest quality books for you. Our ingredients?

A selection of indispensable learning themes, three big slices of fun, then we add a spoonful of difficult words and a pinch of rare ones. We serve them up with care and a maximum of delight so you can solve the best word games and have fun learning!

Your feedback is essential. You can be an active participant in the success of this book by leaving us a review. Tell us what you liked most in this edition!

Here is a short link which will take you to your order page.

BestBooksActivity.com/Review50

Thanks for your help and enjoy the Game!

Linguas Classics Team

1 - Antiques

```
A  D  U  U  U  P  K  A  R  U  T  L  U  C  S  D
T  U  E  L  I  T  S  J  B  E  K  E  H  Z  D  E
S  T  T  C  A  X  M  Z  P  S  S  M  S  H  N  C
A  G  I  E  O  I  L  I  B  O  M  T  E  U  O  E
C  E  W  T  N  R  Z  L  S  O  B  T  A  Y  D  N
V  I  T  Y  Z  T  A  Q  B  A  N  J  B  U  S  N
E  O  T  N  E  M  I  T  S  E  V  N  I  I  R  I
N  Z  D  Y  X  T  R  C  I  E  O  I  A  D  A  O
D  Z  R  J  A  H  E  L  O  V  A  H  R  L  Z  E
E  E  N  N  O  A  L  T  D  J  O  S  T  Y  O  L
R  R  O  P  E  H  L  R  U  Y  D  E  E  H  S  E
E  P  Z  I  N  Q  A  O  D  J  R  C  Y  Y  Z  G
B  N  W  P  O  M  G  F  Z  K  G  O  O  O  W  A
V  E  C  C  H  I  O  B  À  T  I  L  A  U  Q  N
G  I  O  I  E  L  L  O  T  I  L  O  S  N  I  T
M  O  N  E  T  E  O  F  B  G  O  B  Q  R  A  E
```

ARTE
ASTA
AUTENTICO
SECOLO
MONETE
DECENNI
DECORATIVO
ELEGANTE
MOBILIO
GALLERIA

INVESTIMENTO
GIOIELLO
VECCHIO
PREZZO
QUALITÀ
RESTAURO
SCULTURA
STILE
VENDERE
INSOLITO

2 - Food #1

```
F P E O O A O X C A D T K J Z Z
K O O O R R L B C Y K X W C U F
L A T T E E C B L U P U D J C R
A N H Z R P K F I Y N A Q Q C A
R E P H B L K O N C C H Q Y H G
A N N O M M N Z K X O Z R O E O
C C R O I L G A Z I G C X O R L
H I A N C A N N E L L A C W O A
I P P N A C Z S Z O I Q Y A H S
D O A O N B U B A S I L I C O A
I L Z T I R W S K T X P R T L L
B L I W P Z S J E N O M I L A E
D A C T S M I N E S T R A B C O
X C X K X U G K Q D K H A U K N
U Q U C A K C P A A W F G C S F
K X H M I N S A L A T A Z X Q A
```

ALBICOCCA   ARACHIDI
ORZO   PERA
BASILICO   INSALATA
CAROTA   SALE
CANNELLA   MINESTRA
AGLIO   SPINACI
SUCCO   FRAGOLA
LIMONE   ZUCCHERO
LATTE   TONNO
CIPOLLA   RAPA

3 - Measurements

```
B Y T E Z U B O Q I C M T C C L
S N T K F O Q P O U H A O E H A
T G X A Q T S F F H I S N N I R
S J V O L U M E Q H L S N T L G
P R O F O N D I T À O A E I O H
K U D R R I O E Z A M Z L M G E
O E A P T M D S B A E Z L E R Z
W U R D E I J H T O T E A T A Z
H E G J M K L W X N R H T R M A
A L T E Z Z A E S C O G A O M R
J A Y C C B E C Q I S N P R O L
Z M N M A I R K B A G U E E Q H
C I P Y Q H L G Y W J L Z W S Y
U C H R I F G L S T R E I M P O
Y E H O A P S A O U F D U P K H
K D T S J W D Z D P G R A M M O
```

BYTE	LUNGHEZZA
CENTIMETRO	LITRO
DECIMALE	MASSA
GRADO	METRO
PROFONDITÀ	MINUTO
GRAMMO	ONCIA
ALTEZZA	TONNELLATA
POLLICE	VOLUME
CHILOGRAMMO	PESO
CHILOMETRO	LARGHEZZA

4 - Farm #2

```
P  E  L  I  N  E  I  F  M  J  C  G  P  A  M  R
F  R  T  R  A  T  T  O  R  E  U  L  J  G  L  T
R  O  A  L  S  R  I  U  S  T  N  F  X  R  W  L
U  T  G  T  G  R  A  N  O  I  L  A  M  I  N  A
T  S  E  N  O  I  Z  A  G  I  R  R  I  C  P  T
T  A  L  A  M  A  C  R  X  W  G  W  O  E  T
A  P  J  M  K  N  M  T  N  Y  D  E  T  L  C  E
O  F  R  J  B  L  M  A  G  B  N  M  Z  T  O  O
C  V  R  G  T  N  F  N  I  S  O  B  K  O  R  R
I  E  C  U  O  P  N  A  R  S  Z  W  E  R  A  Z
B  R  P  A  T  A  G  N  E  L  L  O  C  E  L  O
O  D  D  N  D  T  B  A  I  I  D  C  K  C  S  F
K  U  U  U  F  T  E  R  E  C  S  E  R  C  X  I
M  R  B  I  J  C  W  T  G  E  L  Y  T  J  E  J
W  A  X  Z  U  B  Z  P  O  P  J  G  M  H  H  S
K  G  Z  M  C  T  G  K  O  K  H  T  F  X  T  P
```

ANIMALI	LAMA
ORZO	PRATO
FIENILE	LATTE
MAIS	FRUTTETO
ANATRA	PECORA
AGRICOLTORE	PASTORE
CIBO	CRESCERE
FRUTTA	TRATTORE
IRRIGAZIONE	VERDURA
AGNELLO	GRANO

5 - Books

```
S T O R I A I N V E N T I V O P
D P Q I C O L L E Z I O N E C U
W O A F R D M B L W H K M L I F
P T J G S A G Z F F E J E X P C
T M S O I T R E S C H J M S E K
Y F Y T K N O E R O T A R R A N
P O E S I A A R T R A G I C O R
D C S E R I E N I T O O W S R O
U I L T A F O R L C E W U J I M
A T E N U F C R G I O L Y R L A
L S T O T S C R I T T O C D E N
I I T C O A V V E N T U R A V Z
T R O X R B T U D F H H P F A O
À O R D E H Q R Y O G E O J N K
I M E E Y L K D K G B W R B T E
S U H G G A A B B E M C T X E F
```

AVVENTURA
AUTORE
COLLEZIONE
CONTESTO
DUALITÀ
EPICO
STORICO
UMORISTICO
INVENTIVO
LETTERARIO

NARRATORE
ROMANZO
PAGINA
POESIA
LETTORE
RILEVANTE
SERIE
STORIA
TRAGICO
SCRITTO

6 - Meditation

```
Q M P N H D M A M I W N N S R C
T E Q I R E I S N E P A O M E A
I N I D U T I B A G N W O O S L
H T S V E G L I O L A T G V P M
J A V I T T E P S O R P E I I A
Q L E P A C E F B I U Y N M R G
M E P M N I L A H Z T K O E A R
I G S W O R G U B N A K I N Z A
I R G W T Z E K K E N C S T I T
A Z Z E R A I H C L F A S O O I
H D L K F E K O X I D G A W N T
S N C Y T B A Q N S G F P S E U
Y X N L Q I W A C I S U M H E D
G E N T I L E Z Z A G P O H M I
P E R I M P A R A R E S C K B N
A C C E T T A Z I O N E M I Z E
```

ACCETTAZIONE

SVEGLIO

RESPIRAZIONE

CALMA

CHIAREZZA

COMPASSIONE

EMOZIONI

GRATITUDINE

ABITUDINI

GENTILEZZA

MENTALE

MENTE

MOVIMENTO

MUSICA

NATURA

PACE

PROSPETTIVA

SILENZIO

PENSIERI

PER IMPARARE

7 - Days and Months

```
A D H D R M M N O V E M B R E S
P F M E R R E E S A B A T O R E
R H O C W T R S R B O F E N Y T
I E F S L W B U E C M P R N L T
L I O L L I O X Q O O N W A W E
E A N A M I T T E S H L O D S M
S U H Ì D E T R A M I R E A M B
A O U B A Ì O I N C W T A D Y R
C A L E N D A R I O Z R A M Ì E
G C G Y U R X L M K W R G Y D H
O I A N N E G L U T Y R W S E C
W N N Y G N C K O G X X Q E N W
Q E H Ì D E V O I G L N P G U U
A M B Y S V A F B L A I G W L P
A O M N Q A A G O S T O O Z R W
F D F E B B R A I O X Z O W A C
```

APRILE   NOVEMBRE
AGOSTO   OTTOBRE
CALENDARIO   SABATO
FEBBRAIO   SETTEMBRE
VENERDÌ   DOMENICA
GENNAIO   GIOVEDÌ
LUGLIO   MARTEDÌ
MARZO   MERCOLEDÌ
LUNEDÌ   SETTIMANA
MESE   ANNO

8 - Energy

```
J N M E M O T O R E V E N T O M
C A R B O N I O I Y A W I M L I
E L E T T R I C O H J C J L X Y
D T J J F N U C L E A R E E U L
F N X K Y P Z O N P C I X O L H
E O F R O W U F B H C M K T T I
H N T J Z L Y N L H A I E N A E
E E S O E G Q S O A L E S E I D
L G Q A N I B R U T O T E M R K
Q O O L G E A J U E R N N A E U
I R M B E N Z I N A E E T N T R
J D E L E T T R O N E I R I T J
A I R T S U D N I B U B O U A M
C A R B U R A N T E N M P Q B A
V A P O R E A C D I T A I N R R
R I N N O V A B I L E Z A I K T
```

BATTERIA	IDROGENO
CARBONIO	INDUSTRIA
DIESEL	MOTORE
ELETTRICO	NUCLEARE
ELETTRONE	FOTONE
ENTROPIA	INQUINAMENTO
AMBIENTE	RINNOVABILE
CARBURANTE	VAPORE
BENZINA	TURBINA
CALORE	VENTO

9 - Chess

```
U R Q J M M N C O P D I S C B U
P B O D H E G M B K I N T A I C
G K P S H C Y L S J A T R M A F
E J N F M K S Z L W G E A P N K
O I R A S R E V V A O L T I C M
I C N O P M E T O R N L E O O H
C F C D D Q P G V Z A I G N T I
I Z O E N R O T I S L G I E D E
F E X L H W N Z S N E E A D H I
I K C O N C O R S O A N I I Z S
R P O G C C Z U A R I T M F E D
C C O E T O C K P E T E M S R U
A J P R T E I P I N M P J Q B Z
S Q R A A W B G Y R D P U N T I
L N N E R O T A C O I G G J I D
S K P E R I M P A R A R E S L N
```

NERO
SFIDE
CAMPIONE
INTELLIGENTE
CONCORSO
DIAGONALE
GIOCO
RE
AVVERSARIO
PASSIVO

GIOCATORE
PUNTI
REGINA
REGOLE
SACRIFICIO
STRATEGIA
TEMPO
PER IMPARARE
TORNEO
BIANCO

10 - Archeology

```
Q  U  C  Y  D  E  H  N  N  S  D  D  W  Z  A  I
Q  A  I  X  J  I  S  I  L  A  N  A  B  N  N  Q
K  K  V  P  G  M  M  U  X  C  P  S  S  J  T  C
B  Y  I  Q  J  Z  O  E  L  I  S  S  O  F  I  R
J  O  L  S  E  T  W  Z  N  X  E  O  L  L  C  M
T  O  T  J  U  T  M  I  E  T  O  L  E  S  H  I
I  O  À  I  T  A  T  L  U  S  I  R  R  W  I  S
S  G  M  O  W  X  X  F  M  W  P  C  A  O  T  T
R  R  O  B  J  S  E  S  C  O  M  E  A  I  À  E
U  K  H  J  A  B  E  A  L  U  E  B  R  T  X  R
P  D  I  S  C  E  N  D  E  N  T  E  D  T  O  O
V  A  L  U  T  A  Z  I  O  N  E  Q  A  E  O  E
R  I  C  E  R  C  A  T  O  R  E  N  U  G  C  T
R  E  L  I  Q  U  I  A  P  G  P  C  Q  G  J  U
E  S  C  O  N  O  S  C  I  U  T  O  S  O  I  I
Q  R  Q  L  Q  Z  A  N  T  I  C  O  G  P  N  M
```

ANALISI	DIMENTICATO
ANTICO	FOSSILE
ANTICHITÀ	MISTERO
OSSA	OGGETTI
CIVILTÀ	RELIQUIA
DISCENDENTE	RICERCATORE
ERA	SQUADRA
VALUTAZIONE	TEMPIO
ESPERTO	TOMBA
RISULTATI	SCONOSCIUTO

11 - Food #2

```
C G S K K R F W G R C A F P C C
I R I U U O U O L O C C O R B A
O A D R M L B A N A N A R O P R
C N U H C Y P F Q E K L M S O C
C O F U N G O O S I R J A C L I
O V A G Q U Y O M I I Y G I L O
L O N Z P P P Q J O M K G U O F
A U A I G E I L I C D N I T M O
T Y L R S S U I F M M O O T E W
O J E Q S C V K I W I K R O L J
Y Z M Q N E A W X C A F W O A D
N O Z F W N R P M H C K Y I N C
Y Z G S E D A N O B L Y H M Z D
T J W U G K Q X A F U Q X C A H
A P B S R Z F Q J Y S X G I N O
N D X R R T Y N T W C S E O A H
```

MELA
CARCIOFO
BANANA
BROCCOLO
SEDANO
FORMAGGIO
CILIEGIA
POLLO
CIOCCOLATO
UOVO

MELANZANA
PESCE
UVA
PROSCIUTTO
KIWI
FUNGO
RISO
POMODORO
GRANO
YOGURT

12 - Chemistry

```
J  B  A  R  U  T  A  R  E  P  M  E  T  J  F  E
Z  Y  E  L  A  B  L  P  K  Z  E  Q  M  Z  K  M
P  C  J  S  C  N  K  F  C  C  I  I  L  C  O  B
C  P  G  M  D  A  F  Q  Z  D  T  N  S  A  S  U
E  N  Z  I  M  A  L  O  C  E  L  O  M  M  C  B
R  N  M  Y  S  T  C  I  O  S  S  I  G  E  N  O
O  R  O  L  C  R  N  B  N  B  I  Q  U  W  I  L
L  F  C  I  B  X  O  E  R  O  C  I  M  O  T  A
A  O  R  G  A  N  I  C  O  S  E  U  C  D  D  L
C  N  U  C  L  E  A  R  E  E  W  E  B  I  D  I
C  A  R  B  O  N  I  O  L  P  Y  Q  G  C  B  Q
Q  L  I  D  R  O  G  E  N  O  M  T  S  A  T  U
Q  E  R  O  T  A  Z  Z  I  L  A  T  A  C  S  I
B  F  A  K  S  Y  T  G  I  E  L  Q  L  O  K  D
E  L  E  T  T  R  O  N  E  L  K  H  E  Y  Y  O
H  R  M  W  P  U  A  B  E  M  A  S  T  U  Y  S
```

ACIDO	IDROGENO
ALCALINO	IONE
ATOMICO	LIQUIDO
CARBONIO	MOLECOLA
CATALIZZATORE	NUCLEARE
CLORO	ORGANICO
ELETTRONE	OSSIGENO
ENZIMA	SALE
GAS	TEMPERATURA
CALORE	PESO

13 - Music

```
M  X  B  D  T  L  E  F  C  U  Q  P  E  A  K  U
U  E  A  I  N  O  M  R  A  R  E  P  O  O  I  H
S  V  O  C  A  L  E  A  N  R  I  T  M  I  C  O
I  P  W  G  G  N  Y  D  T  X  C  C  P  R  G  C
C  A  L  C  B  R  B  F  A  D  J  A  M  E  R  I
I  E  R  S  Y  A  Z  B  R  X  M  N  I  G  I  S
S  L  C  M  U  B  L  A  E  K  B  T  C  I  T  S
T  A  T  L  O  N  G  L  P  I  K  A  R  S  M  A
A  C  Z  E  E  N  X  U  A  D  N  N  O  T  O  L
I  I  I  C  Y  T  I  O  R  T  H  T  F  R  N  C
D  S  H  F  I  L  T  C  U  I  A  E  O  A  X  B
O  U  U  D  B  I  D  I  O  Z  I  C  N  Z  L  U
L  M  X  I  S  R  Q  T  C  C  Z  Q  O  I  X  Z
E  T  P  I  S  I  L  E  W  O  R  O  C  O  I  I
M  L  D  T  U  C  N  O  O  N  L  N  G  N  B  J
O  S  N  W  L  O  G  P  F  F  J  E  C  E  K  P
```

ALBUM	MUSICALE
BALLATA	MUSICISTA
CORO	OPERA
CLASSICO	POETICO
ECLETTICO	REGISTRAZIONE
ARMONICO	RITMO
ARMONIA	RITMICO
LIRICO	CANTARE
MELODIA	CANTANTE
MICROFONO	VOCALE

14 - Family

```
M Y L Q T M T S A E G C B F S L
M A I Z N A F N I O O U A R J Y
P A D T L D H W X K R G M A Y A
I A T R N I P O T E F I B T D O
W P T E E A Q I X A I N I E I Z
A L L E R O S Z T B G O N L G Y
Q M J I R N U P F L L O L X N
X C F A U N O D M E I L G O M M
M A R I T O O W A U A G I T S D
Z O B H R A B E B T U I E A L O
Y B A Y I F M K T W L Q X N S G
X E M Y H P D X C X Z I A E M N
T X B J H A R B O D G J K T I O
G F I M G D R B L O M L C N M N
Q Y N F B R Z B S P A D K A P N
I S I N G E H Y U C F P D Z B O
```

ANTENATO   NONNO
ZIA   NIPOTE
FRATELLO   MARITO
BAMBINO   MATERNO
INFANZIA   MADRE
BAMBINI   PATERNO
CUGINO   SORELLA
FIGLIA   ZIO
PADRE   MOGLIE

15 - Farm #1

```
E Q A F E R T I L I Z Z A N T E
T J C G A S I N O C O R V O D G
Z Y C S R Z H Z W R A M W O J N
J C U L P I G Y B I S O N T E E
G K M N A H C Y P O A I G A F C
P N Z S C T O O T N I C E R S B
G A T T O K B L K O H M K C Z
P F F E W U L Q H T R C Q E B C
M O P M A C M Z W M U S R W G D
Q W L E V I T E L L O R J K D H
M M W L K E W P Y P F A A U N F
Q L F E O I C A C A V A L L O I
I R S I H M A A C Q U A I M U E
S I I M E S N F L J T U B I I N
F W B S G Y E X M E G P M Y W O
A X F X O Y C M R Z W D N J Z D
```

AGRICOLTURA
APE
BISONTE
VITELLO
GATTO
POLLO
MUCCA
CORVO
CANE
ASINO

RECINTO
FERTILIZZANTE
CAMPO
CAPRA
FIENO
MIELE
CAVALLO
RISO
SEMI
ACQUA

16 - Camping

```
A L B E R I M Y Z B E K C J R X
C A O Y Z D J A S N U Y Z H Q Y
G P X A D Y J E C O J S O G O I
D I V E R T I M E N T O S S X M
T I G E A P M W B W J T H O X X
D Q S W R H G J X Q L T F P L D
K P R J U L X T O D X E S A C A
A U A K T Q A H E Z M S N J A R
A O T E N D A N G A T N O M P U
Z N G M E L O G C H D I A U P T
C F I R V U N G F O G P F F E A
A U Z M V N A W A A M A C A L N
C O T A A A C Q D L S P H U L T
C C A L C L Q T R H K P J O O W
I O S X A N I P O T C A B I N A
A T S E R O F A C R G M E L U F
```

AVVENTURA	CACCIA
ANIMALI	INSETTO
CABINA	LAGO
CANOA	MAPPA
BUSSOLA	LUNA
FUOCO	MONTAGNA
FORESTA	NATURA
DIVERTIMENTO	CORDA
AMACA	TENDA
CAPPELLO	ALBERI

17 - Algebra

```
P G X R F E O F V Y O F I D B Y
D R C K Z X S O A X E R Z I Z Z
T I O S L A F R R E H A P V A K
Z I A B K M Y M I R S Z A I S Y
C A E G L K O U A A U I R S I Z
B Y E O R E Z L B C U O E I K S
E C I R T A M A I I E N N O I O
G E C Y T Y M A L F N E T N N L
G R A F I C O M E I O R E E F U
P A N X P P R R A L I Q S B I Z
P E I M P M G E E P Z J I L N I
S N F A T T O R E M A F Z H I O
R I W B M R R A P E U W Y I T N
W L P O L E K T N S Q N R Q O E
Y N S U T O D E T N E N O P S E
S O T T R A Z I O N E S J O E N
```

DIAGRAMMA
DIVISIONE
EQUAZIONE
ESPONENTE
FATTORE
FALSO
FORMULA
FRAZIONE
GRAFICO
INFINITO

LINEARE
MATRICE
NUMERO
PARENTESI
PROBLEMA
SEMPLIFICARE
SOLUZIONE
SOTTRAZIONE
VARIABILE
ZERO

18 - Numbers

```
I  Q  B  Q  U  I  N  D  I  C  I  C  D  D  S  N
N  N  Z  Z  W  C  O  X  C  O  O  I  I  E  E  P
K  O  U  A  Y  E  R  T  I  Q  F  N  C  C  I  D
S  T  V  K  I  I  K  Q  D  P  J  Q  I  I  W  I
E  T  T  E  S  D  G  G  R  Q  R  U  A  M  K  C
A  O  M  T  Z  P  E  Q  O  B  C  E  N  A  D  I
Q  U  A  T  T  R  O  I  T  U  E  H  N  L  T  O
I  Y  Z  E  U  D  N  Q  T  X  U  Z  O  E  N  T
W  I  K  S  N  M  B  Z  A  P  U  N  V  Z  D  T
O  A  O  S  O  N  B  W  U  D  M  V  E  H  T  O
B  L  D  A  S  O  M  H  Q  O  I  F  E  X  W  D
C  D  B  I  Z  E  C  L  B  D  A  U  G  N  N  P
F  I  J  C  T  D  D  T  J  I  Q  U  A  N  T  J
D  S  Z  I  A  C  N  I  L  C  K  N  W  R  K  I
G  X  G  D  G  P  M  W  C  I  B  O  P  F  P  L
S  T  R  E  D  I  C  I  D  I  J  M  A  X  I  I
```

DECIMALE	SETTE
OTTO	DICIASSETTE
DICIOTTO	SEI
QUINDICI	SEDICI
CINQUE	DIECI
QUATTRO	TREDICI
QUATTORDICI	TRE
NOVE	DODICI
DICIANNOVE	VENTI
UNO	DUE

19 - Spices

```
T  R  Z  S  Q  F  C  F  V  A  N  I  G  L  I  A
A  O  L  O  D  N  A  I  R  O  C  M  O  A  Z  E
C  B  G  H  Y  L  X  E  L  A  S  I  G  Q  W  Z
F  Y  X  B  J  Q  Y  N  C  I  P  O  L  L  A  A
N  I  W  D  J  K  G  O  Z  D  B  N  C  E  I  F
O  P  N  U  M  D  H  G  D  A  D  I  X  D  Z  F
C  O  M  O  M  A  D  R  A  C  S  M  I  O  I  E
E  R  I  G  C  O  H  E  Y  R  R  U  C  L  R  R
M  B  L  U  P  C  D  C  J  T  A  C  N  C  I  A
O  T  E  S  Z  A  H  O  A  N  I  C  E  E  U  N
S  R  Z  T  F  E  P  I  L  K  E  B  X  B  Q  O
C  P  U  O  L  C  N  R  O  R  O  O  X  P  I  R
A  X  R  K  S  N  R  Z  I  P  S  A  A  T  L  A
T  T  P  F  S  Q  C  C  E  K  F  S  J  H  K  M
A  C  A  N  N  E  L  L  A  R  A  P  U  Y  J  A
C  H  T  M  A  G  L  I  O  O  O  P  K  S  U  N
```

ANICE	AGLIO
AMARO	ZENZERO
CARDAMOMO	LIQUIRIZIA
CANNELLA	NOCE MOSCATA
CORIANDOLO	CIPOLLA
CUMINO	PAPRIKA
CURRY	ZAFFERANO
FINOCCHIO	SALE
FIENO GRECO	DOLCE
GUSTO	VANIGLIA

20 - Mammals

```
C U C N Z E B R A A A B Y T U N
T W X C M K X R O I L G I N O C
U N C X B U Q Z R M I C Q Q N Z
A F F A R I G C S M I A W Q I L
R L E O N E C O O I D N F K F P
O R O T J J B Y C C E G U W L G
C A S T O R O O A S E U P Q E N
E B W A B S U T V D G R Y Z D L
P L A G D U W E A I C O G I T N
W H E L T A M P L Q J N H I U H
E X W F E D A L L I R O G Z O R
G Q X H A N G O O R J T B H I O
L X E X P N A V G R W S H Q C U
K U K K G F T W S U W J F L I A
B U P C A N E E L Y W K Z B F R
R U U O M D F F O F M F L S N G
```

ORSO	GORILLA
CASTORO	CAVALLO
TORO	CANGURO
GATTO	LEONE
COYOTE	SCIMMIA
CANE	CONIGLIO
DELFINO	PECORA
ELEFANTE	BALENA
VOLPE	LUPO
GIRAFFA	ZEBRA

21 - Restaurant #1

```
P  P  H  W  W  M  X  C  M  T  A  N  I  C  U  C
I  R  I  O  F  E  F  I  A  K  L  L  C  F  F  C
T  Z  E  A  D  N  I  O  N  O  L  L  O  P  D  J
C  N  W  N  T  Ù  C  T  G  N  E  P  L  D  U  R
A  A  M  Z  O  T  A  O  I  K  R  I  T  E  H  X
X  N  S  X  C  T  O  L  A  C  G  C  E  S  K  B
T  E  S  S  U  S  A  A  R  I  I  C  L  S  B  T
U  U  S  G  I  K  T  Z  E  B  A  A  L  E  G  F
C  R  A  U  X  E  D  M  I  O  U  N  O  R  I  C
G  F  L  W  X  Y  R  J  O  P  T  O  T  J  R
L  L  S  K  O  D  J  E  H  B  N  E  O  P  Y  J
Q  D  A  C  A  R  N  E  K  B  L  E  F  A  A  S
I  N  G  R  E  D  I  E  N  T  I  H  T  N  W  I
A  R  E  I  R  E  M  A  C  A  F  F  È  E  G  X
S  X  C  T  O  V  A  G  L  I  O  L  O  B  W  T
L  O  Y  O  J  D  O  G  X  S  Q  B  E  S  K  L
```

ALLERGIA	COLTELLO
CIOTOLA	CARNE
PANE	MENÙ
CASSIERE	TOVAGLIOLO
POLLO	PIATTO
CAFFÈ	PRENOTAZIONE
DESSERT	SALSA
CIBO	PICCANTE
INGREDIENTI	MANGIARE
CUCINA	CAMERIERA

22 - Bees

```
E  C  M  Z  W  Y  S  C  O  I  L  X  P  O  R  S
C  E  L  Z  B  B  S  M  P  H  D  Z  O  C  I  D
O  R  L  C  H  R  D  P  Y  W  S  E  L  M  B  A
S  A  M  H  E  W  C  T  O  N  Q  R  L  I  E  W
I  P  I  A  N  T  E  J  P  J  Z  T  I  E  H  W
S  F  U  M  O  T  T  E  S  N  I  K  N  L  F  T
T  U  H  O  C  I  F  E  N  E  B  P  E  E  A  L
E  I  A  N  I  G  E  R  À  F  G  C  Z  H  S  X
M  O  B  I  C  P  R  R  T  A  I  J  R  S  O  W
A  U  I  D  R  L  A  K  I  J  S  O  I  X  L  U
J  O  T  R  Z  R  E  Q  S  R  Q  G  R  Y  E  E
I  Q  A  A  A  D  V  T  R  B  O  P  Q  I  O  D
T  Q  T  I  W  K  L  C  E  M  A  I  C  S  D  R
E  D  A  G  I  Z  A  S  V  R  F  N  F  W  H  I
U  Y  Q  I  L  G  H  Q  I  C  F  R  U  T  T  A
O  J  S  B  E  D  F  J  D  J  Z  R  X  D  J  B
```

BENEFICO	MIELE
FIORIRE	INSETTO
DIVERSITÀ	PIANTE
ECOSISTEMA	POLLINE
FIORI	REGINA
CIBO	FUMO
FRUTTA	SOLE
GIARDINO	SCIAME
HABITAT	CERA
ALVEARE	ALI

23 - Adventure

```
A  X  Z  E  N  T  U  S  I  A  S  M  O  R  E  N
F  Z  P  E  R  I  C  O  L  O  S  O  C  B  D  Y
D  F  A  H  E  M  A  O  A  T  T  I  V  I  T  À
S  H  T  M  O  I  R  A  R  E  N  I  T  I  R  P
O  P  P  O  R  T  U  N  I  T  À  P  L  N  R  R
I  J  B  S  N  J  T  N  R  W  I  S  B  S  O  E
G  D  Y  E  I  J  A  W  Y  A  R  T  X  X  D  P
G  Z  Y  O  L  C  N  S  F  W  J  C  M  K  A  A
A  N  F  J  T  L  U  I  N  S  O  L  I  T  O  R
R  I  Z  D  U  L  E  R  Y  J  S  F  I  D  E  A
O  V  O  U  N  X  K  Z  E  U  Q  T  E  O  X  Z
C  R  D  G  I  O  I  A  Z  Z  Z  M  Q  A  F  I
I  F  P  I  X  H  N  Z  Z  A  Z  Z  Y  M  E  O
C  A  S  O  X  Q  X  Z  P  N  U  A  F  I  T  N
E  S  C  U  R  S  I  O  N  E  Z  Y  X  C  Q  E
D  I  F  F  I  C  O  L  T  À  N  F  G  I  N  Z
```

ATTIVITÀ	AMICI
BELLEZZA	ITINERARIO
CORAGGIO	GIOIA
SFIDE	NATURA
CASO	NUOVO
PERICOLOSO	OPPORTUNITÀ
DIFFICOLTÀ	PREPARAZIONE
ENTUSIASMO	SICUREZZA
ESCURSIONE	INSOLITO

24 - Sport

```
C R O R N Y D P I O I I H U H S
O E B R U F D D R F A U E S E P
R S I F T O C I L O B A T E M O
P I E A R X H L O G G L U Q E R
O S T T I W E O C S P R L N M T
X T T L Z D J C R U S F A U O I
L E I E I A M S T H L A S M U V
G N V T O N S U S W D A Z X M O
C Z O A N Z T M G N I G G O J A
A A K B E A B S T C E F O R Z A
P I C X L N M E R A T O U N M Q
A X C I C L I S M O A M C E A P
C M A S S I M I Z Z A R E F H F
I A X F A L L E N A T O R E U U
T R E C B S C A Q U T J Z E O O
À H M E Z R B N X F L H E P Q B
```

CAPACITÀ   SALUTE
ATLETA   JOGGING
CORPO   MASSIMIZZARE
OSSA   METABOLICO
ALLENATORE   MUSCOLI
CICLISMO   NUTRIZIONE
DANZA   PROGRAMMA
DIETA   SPORTIVO
RESISTENZA   FORZA
OBIETTIVO   NUOTARE

25 - Restaurant #2

```
O  K  E  I  Z  E  P  S  A  U  Q  C  A  I  O  I
D  G  E  T  F  R  U  T  T  A  O  J  R  M  Y  N
E  H  W  O  Y  U  T  O  Z  H  B  V  Y  Y  H  S
B  G  Y  R  A  D  U  C  Y  K  Q  U  A  M  T  A
C  M  I  T  N  R  G  H  I  A  C  C  I  O  J  L
B  J  S  A  N  E  C  Z  K  C  S  R  W  Z  Z  A
Q  Y  I  S  E  V  L  M  R  O  A  H  G  N  P  T
C  M  I  N  E  S  T  R  A  V  S  D  A  A  E  A
Z  U  R  Q  H  L  Q  F  Y  I  E  I  T  R  S  D
Y  W  C  P  G  C  Y  M  O  T  H  U  T  P  C  N
U  Q  Y  C  C  A  M  E  R  I  E  R  E  K  E  A
T  Q  S  W  H  F  E  T  F  R  S  N  H  C  C  V
O  S  O  I  Z  I  L  E  D  E  E  I  C  C  Y  E
D  I  L  P  H  U  A  K  M  P  D  H  R  A  M  B
T  Z  K  G  U  Q  S  I  Y  A  I  D  O  L  I  D
Z  O  F  I  M  O  Z  X  O  T  A  P  F  A  A  U
```

APERITIVO
BEVANDA
TORTA
SEDIA
DELIZIOSO
CENA
UOVA
PESCE
FORCHETTA
FRUTTA

GHIACCIO
PRANZO
INSALATA
SALE
MINESTRA
SPEZIE
CUCCHIAIO
VERDURE
CAMERIERE
ACQUA

26 - Geology

```
F  P  C  H  H  G  J  U  M  I  H  E  S  T  Z  S
W  O  A  A  R  T  E  I  P  C  D  X  R  G  I  A
P  H  S  D  V  B  B  R  A  A  O  M  E  G  X  C
A  R  E  S  Y  E  G  G  S  C  C  R  L  A  V  A
L  L  D  H  I  Z  R  B  I  I  I  T  A  N  I  S
T  Q  X  O  S  L  U  N  L  D  C  A  S  L  L  C
O  I  C  L  A  C  E  K  A  O  L  Q  P  J  L  U
P  S  T  R  A  T  O  M  R  Z  I  N  A  B  A  O
I  Q  Y  K  I  L  W  T  E  R  R  E  M  O  T  O
A  B  Q  M  W  D  Z  Q  N  A  V  R  U  E  S  J
N  L  G  B  P  M  I  O  I  U  U  X  O  O  I  U
O  N  H  R  A  Z  X  D  M  Q  L  K  E  O  R  I
E  R  O  S  I  O  N  E  Q  C  C  R  R  U  C  L
C  O  N  T  I  N  E  N  T  E  A  U  Y  D  D  L
S  T  A  L  A  T  T  I  T  E  N  W  B  C  E  D
F  F  L  P  I  H  T  Z  S  H  O  Z  W  I  X  K
```

ACIDO	GEYSER
CALCIO	LAVA
CAVERNA	STRATO
CONTINENTE	MINERALI
CORALLO	ALTOPIANO
CRISTALLI	QUARZO
CICLI	SALE
TERREMOTO	STALATTITE
EROSIONE	PIETRA
FOSSILE	VULCANO

27 - House

```
Y  S  G  K  B  C  F  E  J  J  B  K  R  U  G  S
D  W  L  R  U  X  O  C  I  T  T  A  L  T  I  K
P  D  D  M  E  J  G  J  H  O  E  T  E  R  A  P
L  N  K  E  Q  B  N  A  N  I  C  U  C  F  R  S
M  A  T  R  O  P  F  P  B  L  A  W  P  I  D  R
K  R  M  Y  Z  I  W  B  I  I  P  V  I  N  I  Y
E  E  L  P  D  L  S  P  B  B  S  S  I  E  N  T
W  M  A  N  A  T  N  D  L  O  O  N  U  S  O  E
F  A  S  Y  P  D  Y  U  I  M  T  O  Z  T  T  N
K  C  L  N  H  A  A  I  O  G  N  N  Q  R  T  D
G  A  R  A  G  E  I  H  T  D  E  I  I  A  E  E
S  K  R  G  K  R  S  M  E  P  M  M  W  C  T  K
O  R  O  I  N  M  M  O  C  Y  I  A  W  S  E  Q
S  P  E  C  C  H  I  O  A  B  V  C  W  M  S  R
S  L  J  T  O  N  Y  W  S  G  A  I  C  C  O  D
Z  B  D  S  C  O  P  A  H  J  P  L  D  A  C  A
```

ATTICO	CHIAVI
SCOPA	CUCINA
TENDE	LAMPADA
PORTA	BIBLIOTECA
RECINTO	SPECCHIO
CAMINO	TETTO
PAVIMENTO	CAMERA
MOBILIO	DOCCIA
GARAGE	PARETE
GIARDINO	FINESTRA

28 - Physics

```
V E L O C I T À M X R I L D G Z
A C C E L E R A Z I O N E E A O
T I N H Y U T N Z Y P Q X N S X
W Y X K T L U W U N S Z L S O A
X R Q B D Z R E A C E O J I A L
E S P A N S I O N E L U R T C U
U Q X C T G T O S U Z E Q À J M
A O A O U F D F S U S E A E Q R
M O T O R E Q Z N X J K Z R R O
G C M R E L A T I V I T À Z E F
M I Y O E L E T T R O N E P G H
U M D C T U N I V E R S A L E X
M I A S S A M O L E C O L A X E
J H P A R T I C E L L A P L T S
E C K Q K W R M E C C A N I C A
M A G N E T I S M O S P C K U L
```

ACCELERAZIONE	GAS
ATOMO	MAGNETISMO
CAOS	MASSA
CHIMICO	MECCANICA
DENSITÀ	MOLECOLA
ELETTRONE	NUCLEARE
MOTORE	PARTICELLA
ESPANSIONE	RELATIVITÀ
FORMULA	UNIVERSALE
FREQUENZA	VELOCITÀ

29 - Dance

```
C G K O L Y Q E S Y B Q E O E K
C O I E Y E T G Z C S Q Y I S I
L J R O I X R W R A I L C A P R
E N J P I P O S T U R A E R R I
L M J D O O Q S U Z R C L T E T
A V O L R F S G R A Z I A E S M
N I B Z C N S O J R A S R Y S O
O S E R I D F X F U I U U Y I K
I I Y S E O W K A T M M T K V B
Z V X O S Q N P A L E S L G O N
I O B U I Q O E J U D A U W R U
D C L A S S I C O C A L C I X T
A I F A R G O E R O C T H H X Y
R U I J T P R H O Q C O A G T A
T B J E T C C O M P A G N O T P
M O V I M E N T O P R O V A J W
```

ACCADEMIA
ARTE
CORPO
COREOGRAFIA
CLASSICO
CULTURALE
CULTURA
EMOZIONE
ESPRESSIVO
GRAZIA

GIOIOSO
SALTO
MOVIMENTO
MUSICA
COMPAGNO
POSTURA
PROVA
RITMO
TRADIZIONALE
VISIVO

30 - Coffee

```
J I M X R H Y O J J B W K B D R
T H A N I T T A M W U E T T A L
Y M C U J N A A Q J B W R N G W
Y R I C A C A F F E I N A E M A
S F N O X Y M J C D A A Z Z A T
I O A P D F E O N A O R T L I F
L R R P R D R A E M B R U K O O
U I E M H E C B R A E O E U R K
K M Q E A L Z W O R V S I C I K
K K J U Y Z Q Z H O A T R L G U
W H J X I C A O O O N I U Y I S
J I H T G D M J X K D T O I N K
P E R B M W O D I C A O Q K E B
Z U C C H E R O T S U G S E G H
J P I G C U A U Q C A I G M D C
J M U S F T F A O X B O O I Q R
```

ACIDO	MACINARE
AROMA	LIQUIDO
BEVANDA	LATTE
AMARO	MATTINA
NERO	ORIGINE
CAFFEINA	PREZZO
CREMA	ARROSTITO
TAZZA	ZUCCHERO
FILTRO	BERE
GUSTO	ACQUA

31 - Shapes

```
A N G O L O K C M J J W A J E I
E J J T T L K R U K P O I G L W
N P K A K O U T H B X T Q S L B
I K C R H G R C L O O J A A I Q
L U C D S N U Q G N M J O F S O
I K Y A H A L W B O R D I D S C
S P H U I T I Q B G T D W Y E E
F C E Q Y T P E D I M A R I P R
E U W R U E F L H L I E L T D C
R R U E B R W A C O G U R H K H
A V R W E O A V Q P C Q T Q Y I
W A Q H H O L O G N A I R T F O
A I P A S C P E S K I K A R C O
C O N O B D Z F N D P R I S M A
C I L I N D R O I B S Y U P T Z
X D M R T S A H P I M L R T U M
```

ARCO	LINEA
CERCHIO	OVALE
CONO	POLIGONO
ANGOLO	PRISMA
CUBO	PIRAMIDE
CURVA	RETTANGOLO
CILINDRO	LATO
BORDI	SFERA
ELLISSE	QUADRATO
IPERBOLE	TRIANGOLO

32 - Scientific Disciplines

```
M  I  C  A  O  E  K  G  N  B  Q  E  H  Y  J  N
I  M  B  R  A  I  G  O  L  O  I  S  I  F  O  E
N  M  I  C  O  H  A  E  U  T  P  M  O  O  J  U
E  U  O  H  Y  A  C  I  N  A  C  C  E  M  M  R
R  N  C  E  D  A  I  M  O  N  O  R  T  S  A  O
A  O  H  O  B  U  M  U  W  I  Y  M  C  I  X  L
L  L  I  L  P  I  A  U  H  C  A  L  D  O  T  O
O  O  M  O  W  S  N  F  D  A  M  S  S  S  S  G
G  G  I  G  B  A  I  G  O  L  O  I  C  O  S  I
I  I  C  I  S  I  D  C  C  H  I  M  I  C  A  A
A  A  A  A  I  G  O  L  O  C  E  S  Y  Z  D  S
P  M  J  I  H  O  M  L  B  L  Q  R  N  B  S  Z
E  Q  U  U  F  L  R  H  O  W  O  E  B  I  H  R
M  I  T  N  G  O  E  S  P  G  H  G  G  D  N  N
G  R  Q  S  I  E  T  S  R  F  I  S  I  I  O  U
Q  Q  K  G  Z  G  A  I  M  O  T  A  N  A  E  K
```

ANATOMIA
ARCHEOLOGIA
ASTRONOMIA
BIOCHIMICA
BIOLOGIA
BOTANICA
CHIMICA
ECOLOGIA
GEOLOGIA

IMMUNOLOGIA
MECCANICA
MINERALOGIA
NEUROLOGIA
FISIOLOGIA
PSICOLOGIA
SOCIOLOGIA
TERMODINAMICA

33 - Science

```
A  I  W  Z  E  V  O  L  U  Z  I  O  N  E  U  E
S  O  X  T  H  P  A  R  T  I  C  E  L  L  E  S
J  F  O  S  S  I  L  E  L  T  C  T  L  N  M  P
A  À  T  I  V  A  R  G  P  A  E  N  A  A  E  E
O  L  T  A  T  O  M  O  U  D  T  A  B  T  T  R
F  Y  A  M  I  N  E  R  A  L  I  I  O  U  O  I
S  I  F  O  G  M  M  P  Y  Q  C  P  R  R  D  M
C  F  S  A  R  T  R  C  N  D  H  D  A  A  O  E
I  K  T  I  I  G  L  A  T  U  I  K  T  S  S  N
E  S  P  I  C  Y  A  A  Q  U  M  I  O  C  C  T
N  F  B  Q  P  A  K  N  G  B  I  U  R  D  K  O
Z  W  P  S  T  O  A  M  I  L  C  S  I  Z  R  M
I  E  A  U  W  E  T  Z  H  S  O  S  O  U  J  A
A  B  T  E  L  O  C  E  L  O  M  N  E  A  E  F
T  K  Y  E  K  J  O  Z  S  K  X  O  O  A  Z  H
O  R  U  F  R  T  L  C  Z  I  P  O  P  H  A  H
```

ATOMO
CHIMICO
CLIMA
DATI
EVOLUZIONE
ESPERIMENTO
FATTO
FOSSILE
GRAVITÀ
IPOTESI

LABORATORIO
METODO
MINERALI
MOLECOLE
NATURA
ORGANISMO
PARTICELLE
FISICA
PIANTE
SCIENZIATO

34 - Beauty

```
T E R O L O C N M H A Y O L O W
K R L E Q F Y O J U S Q I Z U E
J Y U E E M A T S I L I T S R L
A S Z C G U A Z A L C H T N Y P
F H G M C A Z N T O U I T X D R
A A P B Y O N S X P I C B P B Y
S M Q C H M A T I I Z I V R E S
C P Y Q O S R N E B E T E O O E
I O A B R H G P E L L E Y D I F
N O Z S A R A C S A M M S O H T
O J N F C B R C Y F E S Y T X M
G R A Z I A F Z F S C O I T Z C
O L G N K I W I L O I C C I R Z
M P E F O T O G E N I C O P O A
M G L S P E C C H I O G T Q R Q
M F E R O S S E T T O L F M X R
```

FASCINO	MASCARA
COLORE	SPECCHIO
COSMETICI	OLI
RICCIOLI	FOTOGENICO
ELEGANZA	PRODOTTI
ELEGANTE	FORBICI
FRAGRANZA	SERVIZI
GRAZIA	SHAMPOO
ROSSETTO	PELLE
TRUCCO	STILISTA

35 - Clothes

```
G S I S J X R F D Z P E T A I C
E O C Z A M A I G I P M N Y U A
M T N A H N G I O I E L L O L P
C T P N R O D T M J B C T B S P
A E A F A P R A I C S I B K T E
M L N N D K A X L O U R Q R B L
I A T D O E A W U I J E A N S L
C I A T M L O T I B A K B N G O
E C L W U U T Y B U J J A N I L
T C O Z J I T C A M I C I A A E
T A N Q O B O N N B S A O Z C P
A R I Z W M P G H U F L A Q C K
R B I T Q E P O E N O I L G A M
C I N T U R A G U A N T I F I M
O E Q N U G C Z S U D E G P J T
Z L R F R T A E Q N S X Y K G Z
```

GREMBIULE	JEANS
CINTURA	GIOIELLO
CAMICETTA	PIGIAMA
BRACCIALETTO	PANTALONI
CAPPOTTO	SANDALI
ABITO	SCIARPA
MODA	CAMICIA
GUANTI	SCARPA
CAPPELLO	GONNA
GIACCA	MAGLIONE

36 - Ethics

```
T  G  J  À  T  S  E  N  O  Z  X  L  K  I  J  A
O  C  I  T  A  M  O  L  P  I  D  A  Y  G  A  L
L  E  K  I  N  O  B  U  M  A  N  I  T  À  Z  T
L  S  I  L  D  I  G  N  I  T  À  C  S  J  Z  R
E  C  X  A  R  A  G  I  O  N  E  V  O  L  E  U
R  E  O  N  P  A  Z  I  E  N  Z  A  M  R  L  I
A  J  A  O  U  R  O  S  J  Y  Y  V  S  I  I  S
N  O  N  I  P  B  E  G  Y  E  Q  A  I  S  T  M
Z  O  T  Z  C  E  E  A  G  D  I  L  M  P  N  O
A  D  Q  A  P  E  R  N  L  Z  U  O  I  E  E  A
B  Q  F  R  A  Q  L  A  E  I  L  R  T  T  G  F
S  A  G  G  E  Z  Z  A  Z  V  S  I  T  T  X  F
F  I  L  O  S  O  F  I  A  I  O  M  O  O  L  Z
W  I  N  T  E  G  R  I  T  À  O  L  O  S  I  W
C  O  M  P  A  S  S  I  O  N  E  N  O  O  Q  X
Z  D  T  F  E  A  W  G  C  B  J  B  E  F  N  K
```

ALTRUISMO	OTTIMISMO
BENEVOLO	PAZIENZA
COMPASSIONE	FILOSOFIA
COOPERAZIONE	RAZIONALITÀ
DIGNITÀ	REALISMO
DIPLOMATICO	RAGIONEVOLE
ONESTÀ	RISPETTOSO
UMANITÀ	TOLLERANZA
INTEGRITÀ	VALORI
GENTILEZZA	SAGGEZZA

37 - Insects

```
S F G S L Q D W R A C I U C M X
Z C A M I I Z D E P A V R A L O
A L A L A B Y U C U V Q J P E Y
N X T R E N A M T H A P Y Q T T
Z P S V A N T A L U L L E B I L
A U U E Q F A I N J L F N F M Z
R L C S R T A T D F E A O C R P
A C O P K P C G Z E T R R O E P
H E L A L Z U N G F T F B L T A
C I C A L A K B L I A A A E M I
C O C C I N E L L A O L L O Z T
S U P I M N D H Q B W L A T N G
I H C M Z N I J B Z Q A C T L M
J E M R E V F E Z G Y H W E G O
G D A O P S A H A J Y G X R Z I
O O C F Y O O F N S D H R O Q Q
```

FORMICA	CALABRONE
AFIDE	COCCINELLA
APE	LARVA
COLEOTTERO	LOCUSTA
FARFALLA	MANTIDE
CICALA	ZANZARA
SCARAFAGGIO	FALENA
LIBELLULA	TERMITE
PULCE	VESPA
CAVALLETTA	VERME

38 - Astronomy

```
S A C X P W Y A C P L L O Z R I
U S E O L E I C O O I L M R C B
P T Q I S X P D S H O A O Z L S
E R U R X T T N M G R R N Z T R
R O I O N S E I O O A R O E Z I
N N N T M A D L Z J Z E R W T Z
O A O A E T I O L R Z T T M H A
V U Z V T E O E I A O T S R C E
A T I R E L R P K I Z M A H K C
F A O E O L E L N S U I S I X L
L H C S R I T W N S W J O P I I
Y U A S A T S P M A P T L N E S
W G N O K E A G F L W A U C E S
E O C A I D O Z E A P K B G S I
A J X S I X M R B G H S E X W Z
R A D I A Z I O N E I W N H Q D
```

ASTEROIDE
ASTRONAUTA
ASTRONOMO
COSTELLAZIONE
COSMO
TERRA
ECLISSI
EQUINOZIO
GALASSIA
METEORA

LUNA
NEBULOSA
OSSERVATORIO
PIANETA
RADIAZIONE
RAZZO
SATELLITE
CIELO
SUPERNOVA
ZODIACO

39 - Health and Wellness #2

```
S  M  M  N  I  R  A  T  E  I  D  S  J  T  Z  A
H  V  A  B  L  G  E  N  O  I  Z  E  F  N  I  L
N  I  S  R  B  Z  I  I  A  M  Q  E  O  F  Y  L
R  T  S  F  J  Y  K  E  L  T  X  N  X  P  H  E
E  A  A  G  W  D  D  T  N  U  O  S  E  P  O  R
N  M  G  S  A  N  G  U  E  E  N  M  H  G  S  G
E  I  G  N  I  S  O  I  S  W  A  S  I  M  P  I
R  N  I  U  T  S  T  O  C  R  S  O  T  A  E  A
G  A  O  T  T  O  A  R  D  Y  J  K  U  U  D  U
I  X  C  R  A  S  P  E  E  H  M  X  P  K  A  I
A  B  A  I  L  W  P  P  D  S  C  G  H  A  L  L
F  K  L  Z  A  F  E  U  C  B  S  P  O  Z  E  I
F  X  O  I  M  T  T  C  G  E  N  E  T  I  C  A
R  E  R  O  M  U  I  E  G  J  Y  R  W  B  J  J
Y  J  I  N  F  B  T  R  I  K  C  X  M  F  B  Z
L  Y  A  E  A  X  O  Z  Q  H  E  C  I  I  O  F
```

ALLERGIA	OSPEDALE
ANATOMIA	IGIENE
APPETITO	INFEZIONE
SANGUE	MASSAGGIO
CALORIA	UMORE
DIETA	NUTRIZIONE
MALATTIA	RECUPERO
ENERGIA	STRESS
GENETICA	VITAMINA
SANO	PESO

40 - Disease

```
L O S S A D Y F O H A B I Y R S
N O C B J G F C R R Y T L E E I
I E M U U I O O C I N O R C S N
N T U B O W Q R B H W B C C P D
F U D R A R H P M S J A F O I R
I L E G O R E O J T W T C N R O
A A B E P E Y Z P H T Y T A M
M S O N R E A I P A R E T A T E
M W L E H N A T J F P R I G O Y
A L E T A I P Y I X A I M I R H
Z A E I G R E L L A T C M O I A
I S Z C J C A D I G O O U S O R
O F K O S F N L N H G U N O B W
N O I R A T I D E R E D I C Y N
E J E B H X I E H Y N L T H C M
A D D O M I N A L E I P À E L D
```

ADDOMINALE	EREDITARIO
ALLERGIE	IMMUNITÀ
BATTERICO	INFIAMMAZIONE
CORPO	LOMBARE
OSSA	NEUROPATIA
CRONICO	PATOGENI
CONTAGIOSO	RESPIRATORIO
GENETICO	SINDROME
SALUTE	TERAPIA
CUORE	DEBOLE

41 - Buildings

```
S F L D A A M B A S C I A T A J
P C I W G P J T B R W B Z S X F
U B U E R W P O O E S U M D K A
C Z Z O N E Y A I T E N D A Q B
P T N A L I A M R O I D A T S B
A Q G G X A L S O T J K F E H R
C I N E M A Y E T A A Z C A O I
J X I C K K F H A C C M R P T C
C A S T E L L O V R A B E J E A
O R B K U Q Q R R E B T L N L J
S O S Y R L D T E M I O A N T U
T J T Y S W I A S R N R D X E O
E R W G P M R E S E A R E R D T
L D C M Q A I T O P G E P Q F K
L L F Z H S N M T U D Z S U B H
O D Z L J U B Z Q S M R O G Q R
```

APPARTAMENTO   HOTEL
FIENILE   MUSEO
CABINA   OSSERVATORIO
CASTELLO   SCUOLA
CINEMA   STADIO
AMBASCIATA   SUPERMERCATO
FABBRICA   TENDA
OSPEDALE   TEATRO
OSTELLO   TORRE

42 - Philanthropy

```
P  N  T  M  B  M  C  J  G  I  I  E  F  E  C  P
F  F  Z  F  O  A  F  A  Z  F  V  Q  I  D  O  R
L  S  L  C  S  U  M  Z  R  B  I  Y  N  P  M  O
K  T  U  R  U  W  G  B  X  I  T  K  A  C  U  G
N  W  Y  I  Q  S  I  P  I  O  T  A  N  M  N  R
G  R  U  P  P  I  F  R  G  N  E  À  Z  R  I  A
G  E  N  E  R  O  S  I  T  À  I  H  A  F  T  M
C  Q  Q  S  D  P  S  P  A  L  B  E  B  O  À  M
U  O  I  C  C  O  Z  H  W  F  O  N  C  N  Z  I
M  N  N  U  P  U  B  B  L  I  C  O  R  D  M  A
A  G  D  T  O  N  E  S  T  À  E  S  R  I  Y  A
N  O  T  J  A  I  R  O  T  S  E  R  A  N  O  D
I  S  R  W  A  T  T  R  G  G  Y  E  D  I  F  S
T  I  K  F  Y  U  T  P  Z  W  I  P  W  D  S  K
À  B  S  C  Y  W  D  I  M  I  S  S  I  O  N  E
B  S  W  Q  M  G  I  O  V  E  N  T  Ù  G  A  N
```

SFIDE
CARITÀ
BAMBINI
COMUNITÀ
CONTATTI
DONARE
FINANZA
FONDI
GENEROSITÀ
OBIETTIVI

GRUPPI
STORIA
ONESTÀ
UMANITÀ
MISSIONE
BISOGNO
PERSONE
PROGRAMMI
PUBBLICO
GIOVENTÙ

43 - Gardening

```
E N C J F A J R G J U S H U X E
U R D O L O U S S P O R C O C S
T P B T N D G E Z D Q E T I X O
D A H E H T E L A E R O L F B T
G K N T I S E R I R O I F E O I
I U L T Y O I N G A T A X L T C
S M J U R P C U I S M U A A A O
A Y Q R C M E E M T W Q B N N M
U I L F G O P M E M O X C O I S
Q W A A D C S A S X W R L I C T
C O M M E S T I B I L E E G O R
A Z I B K P P L H Q B D J A N E
R Z L A J U M G K L Y A P T M J
N A C Y G S C O C Z J I I S H M
U M I D I T À F I Y B O E O Y H
F H B D E O R T Z D T M S C F O
```

FIORIRE	FOGLIAME
BOTANICO	TUBO
MAZZO	FOGLIA
CLIMA	UMIDITÀ
COMPOST	FRUTTETO
CONTENITORE	STAGIONALE
SPORCO	SEMI
COMMESTIBILE	SUOLO
ESOTICO	SPECIE
FLOREALE	ACQUA

44 - Herbalism

```
G O R I G A N O S L A P Y Q J G
C I G U S T O X I H Q I W C Z O
U C A B W E C C F F Y A F Y E P
L R B R G D I W U G U N R X T Q
I R O E D B F G B T G T K P N H
N D D S J I E B H O F A D E E A
A J O D D N F I N O C C H I O R
R T U G J Z E O C L C P R Z D R
I H N A R L B C T X I L T A E O
O A B E P F W I E Q T U G F R S
S O J O M U Q L F P A F M F G M
A G L I O R A I C I M J Z E N A
V E R D E T O S M I O J E R I R
X L A V A N D A B U R R F A Q I
U S G F S R O B A P A S E N C N
P R E Z Z E M O L O D A Q O I O
```

AROMATICO	VERDE
BASILICO	INGREDIENTE
BENEFICO	LAVANDA
CULINARIO	MENTA
FINOCCHIO	ORIGANO
GUSTO	PREZZEMOLO
FIORE	PIANTA
GIARDINO	ROSMARINO
AGLIO	ZAFFERANO

45 - Flowers

```
A O N I M O S L E G L L C L M Q
W Q Q H M A Q G N R A L L I L M
G I G L I O Z T U C V I T J Q A
P T S Z T O U Z P A A B U R I R
L A R K R Z H N O L N I L G Z G
O I P I R I L C L E D S I T Q H
X R I A F H C A A N A C P R Q E
I E F R V O L A T D I O A G Z R
E M W O C E G I E U N L N P K I
X U D L I L R L P L E S O I S T
D L W F Q O A O I A D J D E K A
Z P D I M S E N T O R T O J Z B
S T O S Q A T G D P A I N O E P
Y Y U S E R D A X E G W T H A L
Y R E A M I L M O R C H I D E A
W B F P X G N M L N A R C I S O
```

MAZZO	GIGLIO
CALENDULA	MAGNOLIA
TRIFOGLIO	ORCHIDEA
NARCISO	PASSIFLORA
MARGHERITA	PEONIA
GARDENIA	PETALO
IBISCO	PLUMERIA
GELSOMINO	PAPAVERO
LAVANDA	GIRASOLE
LILLA	TULIPANO

46 - Health and Wellness #1

```
Z  J  F  T  R  A  T  T  A  M  E  N  T  O  K  H
E  J  R  R  P  F  F  R  S  O  R  M  O  N  I  K
F  B  L  G  A  C  C  O  S  S  E  L  F  I  R  N
R  C  Y  K  N  T  L  A  O  V  I  T  T  A  E  O
R  T  O  F  I  M  T  I  S  S  G  R  M  I  T  L
G  L  B  P  C  Q  D  U  N  K  J  U  T  C  T  J
I  H  B  W  I  H  S  U  R  I  V  D  X  A  A  P
K  J  J  Z  D  P  M  O  H  A  C  A  M  M  B  P
T  N  H  G  E  L  L  E  P  Z  C  A  I  R  K  R
P  N  H  I  M  I  O  E  J  Z  Q  B  L  A  T  P
W  R  I  L  A  S  S  A  M  E  N  T  O  F  T  N
M  O  V  F  H  W  D  A  S  T  Q  F  C  Z  L  W
E  Z  R  G  S  C  E  G  N  L  F  H  S  B  S  O
E  T  E  R  A  P  I  A  Z  A  P  A  U  H  D  K
P  M  N  A  B  I  T  U  D  I  N  E  M  U  E  G
D  D  X  M  E  D  I  C  O  X  M  X  J  E  O  S
```

ATTIVO	MEDICINA
BATTERI	MUSCOLI
OSSA	NERVI
CLINICA	FARMACIA
MEDICO	RIFLESSO
FRATTURA	RILASSAMENTO
ABITUDINE	PELLE
ALTEZZA	TERAPIA
ORMONI	TRATTAMENTO
FAME	VIRUS

47 - Antarctica

```
G  S  W  A  Q  L  H  M  M  C  M  S  G  T  R  E
Q  E  G  H  I  A  C  C  I  O  I  P  W  E  O  O
X  R  O  G  L  R  Y  C  A  O  G  E  E  M  C  N
Q  O  G  G  A  E  P  O  L  K  R  D  A  P  C  U
T  T  U  C  R  S  Z  K  I  N  A  I  C  E  I  V
O  A  C  X  E  A  H  F  S  P  Z  Z  Q  R  O  O
P  C  C  W  N  L  F  G  J  L  I  I  U  A  S  L
O  R  E  A  I  O  W  I  X  Z  O  O  A  T  O  E
G  E  L  W  M  S  F  A  A  D  N  N  Z  U  P  L
R  C  L  K  O  I  A  B  U  P  E  E  G  R  B  O
A  I  I  E  T  N  E  N  I  T  N  O  C  A  O  S
F  R  W  J  F  E  I  G  H  I  A  C  C  I  A  I
I  X  Q  W  U  P  A  M  B  I  E  N  T  E  S  G
A  S  C  I  E  N  T  I  F  I  C  O  Q  A  T  D
C  O  N  S  E  R  V  A  Z  I  O  N  E  Z  E  G
B  A  I  A  R  X  L  T  C  A  W  H  G  I  X  Y
```

BAIA	ISOLE
UCCELLI	MIGRAZIONE
NUVOLE	MINERALI
CONSERVAZIONE	PENISOLA
CONTINENTE	RICERCATORE
AMBIENTE	ROCCIOSO
SPEDIZIONE	SCIENTIFICO
GEOGRAFIA	TEMPERATURA
GHIACCIAI	TOPOGRAFIA
GHIACCIO	ACQUA

48 - Ballet

```
L G R A Z I O S O B N M B N B O
E E T E C N I C A U D H X N A R
S I Z I H Q Q Z X P W X P O L C
P M N I N J H E U S T I L E L H
R A Y N O S U A L P P A H A E E
E À T I S N E T N I N I H H R S
S A M R S E I C P G E J L F I T
S B K E Q L I R E M X E R P N R
I I F L G B A L G W K D Z T A A
V L M L C O R E O G R A F I A X
O I G A G E S T O C I L B B U P
X T U B J J A T O S Q B W Q F
G À P R A T I C A M M U U H N M
A R T I S T I C O T M J M N X Y
M U S I C A K P X I E L J P N S
C O M P O S I T O R E W H S J H
```

APPLAUSO

ARTISTICO

PUBBLICO

BALLERINA

COREOGRAFIA

COMPOSITORE

BALLERINI

ESPRESSIVO

GESTO

GRAZIOSO

INTENSITÀ

LEZIONI

MUSCOLI

MUSICA

ORCHESTRA

PRATICA

RITMO

ABILITÀ

STILE

TECNICA

49 - Fashion

```
E U Q I T U O B T G F P O P E M
L M O D E L L O F J J N Q U L I
O T N E M A I L G I B B A L E S
V R Q N N Z M O D E R N O S G U
E C I L P M E S Y J D J A A A R
T W Z G Z H W C M I M X W N N E
R A T S I L A M I N I M Z T T M
O Z Z I P N M J Q Q A Z Q I E O
F Q A Z X T A T E N D E N Z A D
N G W Y P F E L T R A M A G D E
O R I C A M O S E U S P C Q N S
C A D J S K I M S U D K A L L T
F J L S T X M S B U A L R U P O
H T Q N I K U P R E T E O G Q R
O J X F L O W T K D C O Z G J U
L A L Y E P R A T I C O W R G T
```

BOUTIQUE
PULSANTI
ABBIGLIAMENTO
CONFORTEVOLE
ELEGANTE
RICAMO
CARO
TESSUTO
PIZZO
MISURE

MINIMALISTA
MODERNO
MODESTO
ORIGINALE
MODELLO
PRATICO
SEMPLICE
STILE
TRAMA
TENDENZA

50 - Human Body

```
O B K T O G O J L P G G E S E A
L R H Q L W I D A K A I M Q M N
L G E M Z Q G Z O H M N E H B W
E L U C G O M I T O B O N M N H
V Q G R C Z O A W H A C T A A T
R I N S I H A Y B D I C O S S Y
E K A Q C F I H U T L H C C O K
C F S M B Y C O Q H G I G E U Z
C U O R E X C A B A I O U L F W
P D O M S N A T D Q V N N L F U
S E P K Q C F Y P U A L L A P S
S X L E B O C Z B O C C A T M G
L R Y L D L M K G O K I S S G X
D R J H E L F L M W J N S E J Y
C Z O I Q O J K P J G W O T I D
U H N E W R P R B H A J E X P L
```

CAVIGLIA	TESTA
SANGUE	CUORE
OSSA	MASCELLA
CERVELLO	GINOCCHIO
MENTO	GAMBA
ORECCHIO	BOCCA
GOMITO	COLLO
FACCIA	NASO
DITO	SPALLA
MANO	PELLE

51 - Musical Instruments

```
T Q C T S O T T E N I R A L C O
M A R I M B A P R A M P Z H T B
S A S S O F O N O O J N A B R O
S R O N I L O D N A M Z U U O E
Y R R S Z E L G O N G B E E M T
X A U O A A A E I N B K O K B R
H T B I P A H S C L B T G N A O
Q I M Y X R J J A N M S I T E F
W H A H R X C O T T O G A F A O
A C T Q C W M A O N I L O I V N
E N O I S S U C R E P N O N U A
F L A U T O W L G I H A G I I I
T A M B U R E L L O L B P Q V P
O Q L U G G T E C J F L U Z X M
H D D H I C Z L M R E N O R C G
A G F U A Y S R U K Y Y E N J Y
```

BANJO
FAGOTTO
VIOLONCELLO
CARILLON
CLARINETTO
TAMBURO
FLAUTO
GONG
CHITARRA
ARPA

MANDOLINO
MARIMBA
OBOE
PERCUSSIONE
PIANOFORTE
SASSOFONO
TAMBURELLO
TROMBONE
TROMBA
VIOLINO

52 - Fruit

```
H X N R M X M W D J Q X K A S D
E R N N Z R L A M F L I A C G W
L A M P O N E H N E C D B C Z O
W F Q R K U J P D G L O F O F A
Y C P L L I M O N E O A C C A B
G N K E A W K R O R X R X I O N
N C M R Z I H F O W P E S B B K
C E Q L J K G W N K E P R L U E
G N T A V O C A D O S A N A N A
J O T T Q W S A L K C K X C M S
N L D E A R Y L J J A V U W C I
O E U A R R L A W B V Y X U N J
K M F Q C Y I A E K A G C Y L C
P A P A I A L N Z M U D H J Q X
F I C O H Y A T A R G F Y R E J
B A N A N A I G E I L I C B I S
```

MELA

ALBICOCCA

AVOCADO

BANANA

BACCA

CILIEGIA

FICO

UVA

GUAVA

KIWI

LIMONE

MANGO

MELONE

NETTARINA

PAPAIA

PESCA

PERA

ANANAS

LAMPONE

53 - Engineering

```
K E R S Z M H B L E S E I D W I
O N D L K I A J K I D A N O M N
I O X S E À L C O I Q I P F W G
D I A M E T R O C L W U X O M R
P Z M U N I K B I H J R I U Z A
R U I W O L E S S A I Y U D L N
O B S T I I J N W A B N K Z O A
F I U M S B W P E Z C I A M L G
O R R D L A M M A R G A I D O G
N T A U U T F S D O G W X P C I
D S Z O P S U Y P F J I E Z L B
I I I P O A N G O L O I A E A S
T D O E R O T O M U H A Z L C F
À E N U P L U O Q D B D D E T S
T W E N O I Z U R T S O C V A T
S T R U T T U R A N C N K E F A
```

ANGOLO	INGRANAGGI
ASSE	LEVE
CALCOLO	LIQUIDO
COSTRUZIONE	MACCHINA
PROFONDITÀ	MISURAZIONE
DIAGRAMMA	MOTORE
DIAMETRO	PROPULSIONE
DIESEL	STABILITÀ
DISTRIBUZIONE	FORZA
ENERGIA	STRUTTURA

54 - Kitchen

```
H Y M G E T O V A G L I O L O A
Y J A R T B O L L I T O R E U S
K L N E T A I Z C G R I G L I A
G F G M E L Z A B O Z M N A U X
Y C I B H O A Z M S R E Q A Z J
C B A I C T L X E I Z E P S O T
I X R U R O R E F I R O G I R F
B A E L O I Q Z C R Z K Q G Q G
O H I E F C Q J I O S P U G N A
N I G H Q A I V B J L A Z A N M
R M L H C H T A D X W T L G L Z
O E R I M C J S E G F T E O E Q
F N R F N B U O H O R E Q L T P
G O O J X B B C B R O C C A L Q
C O N G E L A T O R E I E F U I
B A C C H E T T E F U R U A S W
```

GREMBIULE	BOLLITORE
CIOTOLA	COLTELLI
BACCHETTE	TOVAGLIOLO
TAZZE	FORNO
CIBO	RICETTA
FORCHETTE	FRIGORIFERO
CONGELATORE	SPEZIE
GRIGLIA	SPUGNA
VASO	CUCCHIAI
BROCCA	MANGIARE

55 - Government

```
S N X T Z J E I H D M C J D I G
T C O D Z X L C A W S A G B N I
A N T F A C I T I L O P H M D U
T J K K D J V X Z C E O C N I S
O S R O C S I D A O N G P J P T
E F Z G A E C U R S O D G N E I
J B X X A R O À C T I I C E N Z
M O N U M E N T O I S S A N D I
M P C M W I F R M T S S G O E A
X D N F B T H E E U U E A I N J
A Y O K S R R B D Z C N L Z Z G
G T A R T A F I G I S S J A A L
U D D U W U P L P O I O Y N W Y
W Y P Q F Q J T X N D Q U D D U
S I M B O L O J Y E X C Q N P I
U G U A G L I A N Z A P J O T I
```

CIVILE
COSTITUZIONE
DEMOCRAZIA
DISCUSSIONE
DISSENSO
QUARTIERE
UGUAGLIANZA
INDIPENDENZA
GIUSTIZIA

LEGGE
CAPO
LIBERTÀ
MONUMENTO
NAZIONE
POLITICA
DISCORSO
STATO
SIMBOLO

56 - Art Supplies

```
Y G A N G Q I D L Q C A C I S Q
A O O C I L I R C A R C A N E U
O M C C Q L D T D C E Q V C D B
M M U A O U O A Y A A U A H I M
A A W O R R A V C R T E L I A I
T D K L P T Y O H B I R L O L K
A E E D I D A L V O V E E S L H
M K L L H U C O E N I L T T O U
K X L E H S R U R E T L T R C E
H G W P C G W F N M À I O O O L
X R M M C A L L I G R A O L I O
P K J D M D M L C Z Y G Z X R Z
O Z D U Z Q L E I F H H U S O Z
B S K A Z S P Z R Q D H A B L A
I N K M C R J B N A H E H U O P
O L B N Z S M M A T I T E I C S
```

ACRILICO
SPAZZOLE
TELECAMERA
SEDIA
CARBONE
ARGILLA
COLORI
CREATIVITÀ
CAVALLETTO
GOMMA

COLLA
IDEE
INCHIOSTRO
OLIO
VERNICI
CARTA
MATITE
TAVOLO
ACQUA
ACQUERELLI

57 - Science Fiction

```
T E E H Q C A Z A R Q M T S Z J
L B Y T R O I Z A O C O U F F S
B X O I L L P C Z B X E Z W U M
G L M K U O O D N O M W Z H T R
B R Y L S C T J X T H U M G U C
O F A N T A S T I C O L D R R E
S I L I B R I K J O D I Y D I G
O N R H O O D A T O M I C O S A
I O N A E S P L O S I O N E T L
R L A E N O I S U L L I D T I A
E C R N P I A N E T A W R P C S
T W Z N U Y G N C I N E M A O S
S H P H O J A A X Q F D K E M I
I I G K X G I O M E R T S E C A
M J G D E B G B E M S Y X M K Y
T E C N O L O G I A I P O T U Y
```

ATOMICO
LIBRI
CINEMA
CLONI
DISTOPIA
ESPLOSIONE
ESTREMO
FANTASTICO
FUOCO
FUTURISTICO

GALASSIA
ILLUSIONE
IMMAGINARIO
MISTERIOSO
ORACOLO
PIANETA
ROBOT
TECNOLOGIA
UTOPIA
MONDO

58 - Geometry

```
D R L C M S N Q R D E I P Y P E
I Q Q X N O I U U S M R H R A Q
A C I G O L O M M A A Y M Z R U
M P K U Y O I X M E D B Q I A A
E R Q K D G H S M E R U O M L Z
T O K O E N C M K J T O Z X L I
R P F O L A R C N X O R O N E O
O O A I R O E T P A L D I Y L N
N R R E U T C M W X Q H C A O E
A Z W A B N O L O G N A I R T G
I I A Z Z E T L A M P F J R K O
D O F C Z M R G T C B H N G S B
E N I N K G D I M E N S I O N E
M E S S A E I C I F R E P U S K
K D P M A S S A V R U C H O C J
O R I Z Z O N T A L E S C C U Z
```

ANGOLO
CALCOLO
CERCHIO
CURVA
DIAMETRO
DIMENSIONE
EQUAZIONE
ALTEZZA
ORIZZONTALE
LOGICA

MASSA
MEDIANO
NUMERO
PARALLELO
PROPORZIONE
SEGMENTO
SUPERFICIE
SIMMETRIA
TEORIA
TRIANGOLO

59 - Creativity

```
I  I  N  T  E  N  S  I  T  À  S  U  L  T  À  G
I  M  X  K  S  R  J  B  Z  V  L  B  X  Z  T  A
R  D  M  G  W  E  S  E  N  I  G  A  M  M  I  A
W  N  E  A  A  N  H  W  A  S  P  I  F  I  C  R
E  W  N  E  G  O  G  P  I  I  J  J  L  N  I  T
S  U  O  D  V  I  E  T  E  O  T  T  U  V  T  I
P  I  I  R  I  Z  N  S  K  N  J  T  I  E  N  S
R  N  Z  A  T  A  O  A  P  I  K  Q  D  N  E  T
E  T  A  M  A  R  I  N  Z  O  S  P  I  T  T  I
S  U  S  M  L  I  S  T  U  I  N  O  T  I  U  C
S  I  N  A  I  P  S  H  H  M  O  T  À  V  A  O
I  Z  E  T  T  S  E  Y  S  P  L  N  A  O  L  G
O  I  S  I  À  I  R  K  H  Z  N  R  E  N  Z  N
N  O  F  C  T  M  P  A  B  I  L  I  T  À  E  L
E  N  B  O  O  E  M  E  M  O  Z  I  O  N  I  O
M  E  X  Q  H  T  I  C  H  I  A  R  E  Z  Z  A
```

ARTISTICO	IMPRESSIONE
AUTENTICITÀ	ISPIRAZIONE
CHIAREZZA	INTENSITÀ
DRAMMATICO	INTUIZIONE
EMOZIONI	INVENTIVO
ESPRESSIONE	SENSAZIONE
FLUIDITÀ	ABILITÀ
IDEE	SPONTANEO
IMMAGINE	VISIONI
IMMAGINAZIONE	VITALITÀ

60 - Airplanes

```
C E W W A S E C S I D R K A E W
C R E T R E Z Q E E H X I L L W
C I O X E K F D U N Z I J T I B
S E E G F C C A A I I Y O E C M
P N W L S D A P T D P F R Z H O
P O F N O E R A T U G A E Z E T
N I S I M S B L E T D R G A A O
H Z L F T I U L R I B U G G M R
E U D O A G R O R T F T E N I E
N R Z N T N A N A L U N S R J O
L T Y E J A N C G A I E S R T I
A S M G S I T I G A H V A T O S
X O Y O E R E N I B P V P D X O
W C S R O O F O O R S A U N S H
I O Z D S T O P A N W A R I A L
M J D I M S T U R B O L E N Z A
```

AVVENTURA
ARIA
ALTITUDINE
ATMOSFERA
PALLONCINO
COSTRUZIONE
EQUIPAGGIO
DISCESA
DESIGN
MOTORE

CARBURANTE
ALTEZZA
STORIA
IDROGENO
ATTERRAGGIO
PASSEGGERO
PILOTA
ELICHE
CIELO
TURBOLENZA

61 - Ocean

```
A O A C I R T S O N N O T N G H
R N Y L A W E A X E F P H E A B
E I G D G R M G N S R L L A M S
I F S U O H J C Q B I O N T B W
L L K S I E E C S E P P L A E T
G E L Q H L I P R B R I W R R D
O D J Q C E L G G S W C Y T E R
C A G G N K O A G L A G B A T K
S F F U A Z I T O B O O O R T A
B P H Z R S C S Q U A L O U O L
W L U F G C R E L A S X N G L R
T A C G H E M P Y T W D G A L P
X P X Y N S A M M E D U S A A Q
E H I C F A R E B A L E N A R D
B M R O K W E T J R Q E I A O G
S J T L Q F E I M R E E C S C M
```

ALGHE	SALE
CORALLO	ALGA
GRANCHIO	SQUALO
DELFINO	GAMBERETTO
ANGUILLA	SPUGNA
PESCE	TEMPESTA
MEDUSA	MAREE
POLPO	TONNO
OSTRICA	TARTARUGA
SCOGLIERA	BALENA

62 - Force and Gravity

```
I  M  G  H  F  M  Z  O  O  B  U  L  H  E  Z  N
V  E  L  O  C  I  T  À  R  K  N  L  U  B  O  K
U  X  X  T  M  C  F  C  B  C  I  R  R  Z  F  W
D  I  S  T  A  N  Z  A  I  H  V  N  C  S  A  S
P  M  S  A  A  T  O  N  T  C  E  S  S  A  O  M
R  J  C  P  T  E  M  X  A  B  R  Z  J  N  M  G
O  C  O  M  T  M  E  N  O  I  S  N  A  P  S  E
P  E  P  I  R  P  R  U  C  H  A  F  C  P  I  N
R  N  E  G  I  O  A  G  I  C  L  Z  I  A  T  O
I  T  R  T  T  O  R  E  M  Q  E  R  N  Q  E  I
E  R  T  X  O  E  E  N  A  Y  A  J  A  X  N  S
T  O  A  H  C  C  L  E  N  Z  E  J  C  U  G  S
À  P  E  S  O  Z  E  R  I  W  Y  N  C  U  A  E
J  Q  P  C  R  K  C  A  D  M  K  N  E  D  M  R
S  C  W  L  F  E  C  R  K  Y  W  J  M  K  K  P
F  I  S  I  C  A  A  E  F  C  Z  I  D  D  H  U
```

ASSE	ORBITA
CENTRO	FISICA
SCOPERTA	PRESSIONE
DISTANZA	PROPRIETÀ
DINAMICO	VELOCITÀ
ESPANSIONE	TEMPO
ATTRITO	ACCELERARE
IMPATTO	GENERARE
MAGNETISMO	UNIVERSALE
MECCANICA	PESO

63 - Birds

```
P R R A C O P N U C C A L F U P
E G M I J D A J O Z I O B P N I
L L L R C N V U V B W G R R J N
L Z U O G Z O R O Y B F N V A G
I T U N M Y N W L A D M O O O U
C T C E D D E B L F U W D N R I
A U O U D C L U A E R T G I E N
N W I R C K F K G N F Y Z R S O
O J S P S U Z C A I X Z N A S Q
X C A B A G L Q P C C T J N A D
S T R U Z Z O O P O O U M A P U
D N T P O L L O A T L C E C C S
W Y A L I U Q A P T O A C R D P
B U N P Q N O I K E M N N G W P
L M A N G O C I C R B O C P T I
X T G S E Q G G T O A W D P J I
```

CANARINO
POLLO
CORVO
CUCULO
COLOMBA
ANATRA
AQUILA
UOVO
FENICOTTERO
OCA

AIRONE
STRUZZO
PAPPAGALLO
PAVONE
PELLICANO
PINGUINO
PASSERO
CICOGNA
CIGNO
TUCANO

64 - Art

```
C E S P R E S S I O N E R O M U
J O T A R I P S I D F X F X B F
L A M C O M P O S I Z I O N E I
E N M P X Y X H R Y W S J E Z G
A M R G L S Y T D I P I N T I U
M J Z Z T E L A N O S R E P P R
O L O B M I S T P G Y R R M N A
S R A R H Y B S Y A W H R K I O
V O I N T B J N O S E R A E R C
I M G G C E R A M I C A R S Q I
S B J G I P O E S I A O T X U D
I M S I E N O N E S T O I P D X
V L H D Z T A S U X I D R X N M
O H M A R U T L U C S G Z Y O M
H L Q H Q D X O E C I L P M E S
S U R R E A L I S M O P Z K A B
```

CERAMICA   DIPINTI
COMPLESSO   PERSONALE
COMPOSIZIONE   POESIA
CREARE   RITRARRE
ESPRESSIONE   SCULTURA
FIGURA   SEMPLICE
ONESTO   SOGGETTO
ISPIRATO   SURREALISMO
UMORE   SIMBOLO
ORIGINALE   VISIVO

65 - Nutrition

```
K N X G O A M A K N Q W T R F Y
M M L R P N M V P Q L J X N E I
P K I U E I H I B P S U T N Z C
D I E T A S J T U N E T U L A S
R A S A L S A A I H N T I P G C
H P T F E O W M O J I B I W X O
Q U A L I T À I T I E I N T S M
H K G F R B T N O D T L I N O M
I A X I O L E A A O O A D U R E
K O H A L A D S L N R N U T A S
P K F P A Q I S A L P C T R M T
T I T S C I E O S N B I I I A I
U P E S O M H R W G O A B E J B
C A R B O I D R A T I T A N G I
D I G E S T I O N E R O C T D L
G U S T O L T S I R X D Q E E E
```

APPETITO	SALUTE
BILANCIATO	SANO
AMARO	NUTRIENTE
CALORIE	PROTEINE
CARBOIDRATI	QUALITÀ
DIETA	SALSA
DIGESTIONE	TOSSINA
COMMESTIBILE	VITAMINA
GUSTO	PESO
ABITUDINI	

66 - Hiking

```
M O C A M P E G G I O C N A T S
K A R E I L G O C S S O L E R S
Q H P K Z U A N G A T N O M C E
P E Y P B L N N A T U R A N D L
D R U N A J I H C R A P J M K V
U G E C C L M P E S A N T E B A
Z Q R P I A E T I M W Y K O G
C F T O A I L W Z X K Q B L V G
W L E H U R I L O C I R E P E I
A G I H Q Z A S T I V A L I R O
C T P M C K Z Z R F M M C U T Z
R O O S A F S R I Q X J J F I E
G Z A T Q Z M W L O H T Y I C O
W A C Y K K R N H R N Y P A E U
R B F L E S M X F C P E D I U G
H Z D O R I E N T A M E N T O Q
```

ANIMALI	NATURA
STIVALI	ORIENTAMENTO
CAMPEGGIO	PARCHI
SCOGLIERA	PREPARAZIONE
CLIMA	PIETRE
GUIDE	VERTICE
PERICOLI	SOLE
PESANTE	STANCO
MAPPA	ACQUA
MONTAGNA	SELVAGGIO

67 - Professions #1

```
I N F E R M I E R A F G S B S W
A U Y M U S I C I S T A A E X U
T V F E R O T I D E U T R E E G
S G V R B T Z H E U R U T O Z U
I I I O I A N I R A M Z O Z N I
N O D T C P O G O L O C I S P M
A I R A J A Q S T J M R A X O D
I E A I Y T T F A K E D W C F G
P L U C S O P O N I R E L L A B
X L L C Q A R U E N E T O C R N
K I I A M B N H L W I I U D G I
O E C C T E U T L F H O Y Z O Q
U R O O M K D F A A C O B Q T P
A E F O U J C I I G N O P S R X
G E O L O G O L C B A Z W M A P
A S T R O N O M O O B Y P A C F
```

ASTRONOMO
AVVOCATO
BANCHIERE
CARTOGRAFO
ALLENATORE
BALLERINO
MEDICO
EDITORE
GEOLOGO

CACCIATORE
GIOIELLIERE
MUSICISTA
INFERMIERA
PIANISTA
IDRAULICO
PSICOLOGO
MARINAIO
SARTO

68 - Barbecues

```
W C E N A K E G A E A N U A W D
R J T G O O B S I E C E R I H P
Q E A Q E E U Y Q O G D N D F S
F Y L S O U D C L A C D P O E O
F Z A R S J U K G B L H R B G H
O L S N P F Y I K Q W L I E J A
R L N T O B I C T M Z E R T Q F
C N I D L D L I E R U D R E V A
H L Y Q L B L M X W E S T N M M
E I H E O O E A S L A S I Y J I
T N T T E H T T C N R E Y C P G
T I U A D E L T H B F Z T O A L
E B F T X I O U G R I G L I A I
W M Z S K M C R Q W J N K Z N A
S A L E M A F F P O M O D O R I
I B C R L A B H S C U P E R Z E
```

POLLO	CALDO
BAMBINI	FAME
CENA	COLTELLI
FAMIGLIA	MUSICA
CIBO	INSALATE
FORCHETTE	SALE
AMICI	SALSA
FRUTTA	ESTATE
GIOCHI	POMODORI
GRIGLIA	VERDURE

69 - Chocolate

```
S  A  H  M  Q  F  Z  C  Z  N  U  C  Q  D  M  A
I  X  R  Q  E  L  A  N  A  I  G  I  T  R  A  R
E  Z  E  U  C  E  M  Z  I  R  A  M  J  G  H  O
L  K  C  H  L  D  H  O  U  N  A  R  K  Q  E  M
F  O  A  K  O  M  Z  T  A  C  X  M  A  R  M  A
I  E  L  L  D  W  À  I  X  Y  C  F  E  L  I  Q
D  H  K  L  M  F  T  R  P  O  K  H  Y  L  U  L
I  N  G  R  E  D  I  E  N  T  E  G  E  L  L  W
H  I  G  E  I  M  L  F  L  H  N  U  A  R  H  A
C  W  G  J  R  Q  A  E  N  M  O  S  M  B  O  T
A  H  X  W  O  G  U  R  Y  O  N  T  H  E  R  T
R  H  K  U  L  C  Q  P  A  P  D  O  Q  M  A  E
A  M  C  J  A  N  G  O  L  C  L  A  Q  G  M  C
I  E  R  O  C  C  O  C  I  D  E  C  O  N  A  I
D  E  L  I  Z  I  O  S  O  A  W  A  U  M  A  R
E  S  O  T  I  C  O  H  L  J  M  C  W  K  K  R
```

AROMA
ARTIGIANALE
AMARO
CACAO
CALORIE
CARAMELLA
CARAMELLO
NOCE DI COCCO
DELIZIOSO

ESOTICO
PREFERITO
INGREDIENTE
ARACHIDI
QUALITÀ
RICETTA
ZUCCHERO
DOLCE
GUSTO

70 - The Media

```
O  H  A  I  P  R  E  E  U  E  E  I  N  F  A  I
N  O  I  M  T  U  E  F  X  K  N  U  G  I  T  N
L  M  D  M  S  T  B  T  Q  A  O  F  C  N  T  D
I  J  P  A  Y  X  A  B  E  S  I  C  E  A  E  I
N  D  I  G  L  G  H  F  L  P  Z  T  D  N  G  V
E  Q  O  I  D  A  R  W  J  I  A  E  U  Z  G  I
B  S  E  N  O  I  N  I  P  O  C  N  C  I  I  D
A  F  T  I  W  K  O  Z  U  W  I  O  A  A  A  U
P  U  B  B  L  I  C  I  T  À  N  I  Z  M  M  A
G  I  O  R  N  A  L  I  B  O  U  Z  I  E  E  L
D  I  G  I  T  A  L  E  O  F  M  I  O  N  N  E
Q  T  Z  O  T  R  F  U  W  X  O  D  N  T  T  L
E  L  A  I  C  R  E  M  M  O  C  E  E  O  I  A
I  N  T  E  L  L  E  T  T  U  A  L  E  E  U  C
Z  E  H  H  R  M  K  X  R  W  A  T  J  R  S  O
I  N  D  U  S  T  R  I  A  O  Q  C  F  B  I  L
```

PUBBLICITÀ	INDIVIDUALE
ATTEGGIAMENTI	INDUSTRIA
COMMERCIALE	INTELLETTUALE
COMUNICAZIONE	LOCALE
DIGITALE	RETE
EDIZIONE	GIORNALI
EDUCAZIONE	ONLINE
FATTI	OPINIONE
FINANZIAMENTO	PUBBLICO
IMMAGINI	RADIO

71 - Boats

```
E B O Z D Q P N W P K F I N K K
M K M Z O U X M K W K A U Y F E
A O N A C N O S D I H D Y A A Q
C D T A K S L G H H U R N A C U
B Y L O I A N I R A M O A I K I
L A G O R R K M D Q K C U H Q P
E T Y J H E M U I F C F T I R A
U R J Z N T H C A Y K U I E M G
B A Y P D T S M O N A E C O O G
O G M J Q A W O O D R N O A C I
A H A K N Z T Y U G Q G C Z D O
E E R W N P Z U N D A H J O E T
B T E Y M F H F L D W U D U R W
B T A L E V A A C R A B F S X A
Q O A L B E R O M A R E Y T A Q
R G J Z J Q W R N L S O G W L D
```

ANCORA
BOA
CANOA
EQUIPAGGIO
DOCK
MOTORE
TRAGHETTO
KAYAK
LAGO
ALBERO

NAUTICO
OCEANO
ZATTERA
FIUME
CORDA
BARCA A VELA
MARINAIO
MARE
MAREA
YACHT

72 - Activities and Leisure

```
Y P D A O U C Y B B O H A E B J
U I K P D P A F M A C S E P M W
C K W C M R L F R U S O D N B Y
E A D Z X P C L C F Q E Y L O Q
Y M M S S Z I O U X S T B N X K
Q R C P K B O G Q I R R U A E W
I H R L E C M P S T F A E Y L B
P I U O I G G A N I D R A I G L
T R D U B Z G V I A G G I O W W
E E I O C O A I S H O P P I N G
K Z N M J S I N O I S R U C S E
S E L N X G F I T N O N E Z U D
A T U Q I B O L O V A L L A P T
B S S B Q S A R U T T I P Z I H
G C W X M I E T N A S S A L I R
I M M E R S I O N E X I U H G O
```

ARTE	HOBBY
BASEBALL	PITTURA
BASKET	RILASSANTE
BOXE	SHOPPING
CAMPEGGIO	CALCIO
IMMERSIONE	SURF
PESCA	NUOTO
GIARDINAGGIO	TENNIS
GOLF	VIAGGIO
ESCURSIONI	PALLAVOLO

73 - Driving

```
V  J  B  I  E  X  P  G  Z  L  G  B  X  D  S  F
S  E  P  X  N  O  I  M  A  C  A  W  I  M  T  R
N  G  L  E  B  C  X  X  A  R  S  F  Y  O  R  E
Y  A  E  O  R  R  I  P  S  N  A  R  X  T  A  N
N  R  N  T  C  I  W  D  P  T  T  T  G  O  D  I
A  A  N  U  L  I  C  T  E  T  S  J  B  R  A  A
H  G  U  A  A  S  T  O  N  N  I  L  W  E  N  Y
U  C  T  Z  J  R  Q  À  L  X  T  R  Z  W  B  T
I  X  N  N  D  R  K  Q  F  O  U  E  R  E  F  F
G  U  F  E  P  O  L  I  Z  I  A  G  X  K  K  C
N  Q  Q  C  B  K  Z  S  I  C  U  R  E  Z  Z  A
J  C  M  I  T  R  A  F  F  I  C  O  L  U  W  I
O  U  A  L  U  C  M  L  P  M  O  T  O  S  D  P
T  U  P  C  A  R  B  U  R  A  N  T  E  X  O  N
J  C  P  P  E  D  O  N  A  L  E  D  D  J  C  H
U  C  A  Y  J  B  X  C  F  O  B  G  J  L  U  W
```

INCIDENTE	MOTORE
FRENI	MOTO
AUTO	PEDONALE
PERICOLO	POLIZIA
AUTISTA	STRADA
CARBURANTE	SICUREZZA
GARAGE	VELOCITÀ
GAS	TRAFFICO
LICENZA	CAMION
MAPPA	TUNNEL

74 - Biology

```
E T A M O S O M O R C H N R M U
M T N M C N R A U W P N A Z A Y
B R A E I R E T T A B E T P M S
R X T P S Z S K I A C R U Q M E
I F O T O Q N I B P T V R L I Y
O Q M I M I A E M E U O A I F H
N L I S S S N N X B O W L S E F
E M A P O Z Q O F T I Q E E R S
F Q S A E J F R O R N O E T O N
Q B E N O I Z U L O V E S N R H
Q E P I Q Q E E N O M R O I E B
P J M S F W L N S S A W C S T I
M U T A Z I O N E Y C W D O T F
C O L L A G E N E D X E I T I M
C E L L U L A C N N P M E O L E
P R O T E I N A J K C J X F E D
```

ANATOMIA

BATTERI

CELLULA

CROMOSOMA

COLLAGENE

EMBRIONE

ENZIMA

EVOLUZIONE

ORMONE

MAMMIFERO

MUTAZIONE

NATURALE

NERVO

NEURONE

OSMOSI

FOTOSINTESI

PROTEINA

RETTILE

SIMBIOSI

SINAPSI

75 - Professions #2

```
M  X  W  X  J  H  Y  B  M  H  F  E  U  J  D  I
B  Y  Q  L  X  J  Y  I  E  L  K  T  A  W  D  L
I  E  T  A  L  Y  A  O  D  A  N  N  D  A  U  L
E  R  O  T  T  I  P  L  I  E  Y  A  U  Q  B  U
Z  E  Z  S  A  A  A  O  C  R  D  N  E  Y  I  S
O  N  Q  I  T  O  J  G  O  O  C  G  V  O  B  T
O  G  Q  U  S  F  Q  O  P  T  K  E  I  F  L  R
L  E  P  G  I  O  R  N  A  L  I  S  T  A  I  A
O  G  A  N  T  S  G  W  D  O  B  N  C  R  O  T
G  N  P  I  N  O  C  R  X  C  N  I  E  G  T  O
O  I  B  L  E  L  H  C  U  I  A  H  T  O  E  R
G  I  A  R  D  I  N  I  E  R  E  F  E  T  C  E
P  M  D  T  A  F  E  Z  O  G  I  U  D  O  A  X
P  I  L  O  T  A  Q  Q  I  A  G  H  R  F  R  C
I  N  V  E  N  T  O  R  E  I  E  T  C  K  I  W
L  W  E  A  S  T  R  O  N  A  U  T  A  L  O  B
```

ASTRONAUTA
BIOLOGO
DENTISTA
DETECTIVE
INGEGNERE
AGRICOLTORE
GIARDINIERE
ILLUSTRATORE
INVENTORE
GIORNALISTA

BIBLIOTECARIO
LINGUISTA
PITTORE
FILOSOFO
FOTOGRAFO
MEDICO
PILOTA
CHIRURGO
INSEGNANTE
ZOOLOGO

76 - Emotions

```
Q I M S J S Z U L H M R E S D T
B A B P O G Y M K Q K A C I J R
R E S O R P R E S A O B C M B A
E G A Z Z E T S I R T B I P N N
A S R T X E T F J W U I T A R Q
K R U N I Z A O A N N A A T I U
Y U A G O T A R G H E H T I L I
R S P C G I U G W G T I O A I L
R F K N E I A D H X N F Y I E L
Z E T E D Y N M I L O Q N O V I
T E N E R E Z Z A N C K B I O T
P N U J A L L D M Q E T L G S À
H A A D A Z Z E L I T N E G T B
E R C D C O T T A F S I D D O S
F K R E S C A P C Y C Z R J S T
A M O R E I M B A R A Z Z A T O
```

RABBIA
BEATITUDINE
NOIA
CALMA
CONTENUTO
IMBARAZZATO
ECCITATO
PAURA
GRATO
GIOIA

GENTILEZZA
AMORE
PACE
RILIEVO
TRISTEZZA
SODDISFATTO
SORPRESA
SIMPATIA
TENEREZZA
TRANQUILLITÀ

77 - Mythology

```
L E G G E N D A K I T G L Y Q Z
J T K N S C M A E Y M W Z Y I V
S L H J H Q S J Q O G M M À S E
C R E A Z I O N E T C U O T C N
B J Z I P O X O M N U O R I O D
P A R A D I S O N E H P T L D E
N G Y W L K K M O M D C A A D T
O R E I R R E U G A R X L T I T
C N Z L D I S A S T R O E R V A
D A N R O L A B I R I N T O I F
I M E Z N S Z R U O F J C M N U
L A D E O H I C T P E J B M I L
B U E M U M O A Y M Z R C I T M
S A R U T A E R C O I W O W À I
M F C A R U T L U C I O Q E G N
A R C H E T I P O M O S T R O E
```

ARCHETIPO
COMPORTAMENTO
CREDENZE
CREAZIONE
CREATURA
CULTURA
DIVINITÀ
DISASTRO
PARADISO
EROE

IMMORTALITÀ
GELOSIA
LABIRINTO
LEGGENDA
FULMINE
MOSTRO
MORTALE
VENDETTA
TUONO
GUERRIERO

78 - Agronomy

```
O  B  I  C  L  W  W  E  W  J  J  A  P  H  D  P
M  R  D  D  Q  K  O  N  C  Z  M  M  G  L  Y  R
Z  A  G  X  F  A  J  E  H  A  H  B  D  B  E  O
G  E  L  A  R  U  R  R  W  U  D  I  R  L  C  D
J  J  R  A  N  S  Q  G  X  A  B  E  U  Q  O  U
N  Y  M  O  T  I  W  I  M  E  S  N  Z  N  L  Z
M  T  H  I  H  T  C  A  M  T  Q  T  G  T  O  I
E  J  H  D  A  I  I  O  F  N  E  E  D  E  G  O
V  R  E  U  Z  Q  J  E  F  A  L  Q  X  S  I  N
E  Q  O  T  N  E  M  A  N  I  U  Q  N  I  A  E
R  U  X  S  E  T  R  F  M  P  I  N  D  S  P  Y
D  K  A  T  I  C  S  E  R  C  S  Y  F  T  G  F
U  N  G  Y  C  O  O  A  C  Q  U  A  F  E  P  Z
R  C  U  M  S  W  N  Z  P  T  L  O  I  M  Q  B
E  I  S  D  Y  S  M  E  D  S  O  J  J  I  O  C
A  G  R  I  C  O  L  T  U  R  A  R  A  A  U  Q
```

AGRICOLTURA	INQUINAMENTO
MALATTIE	PRODUZIONE
ECOLOGIA	RURALE
ENERGIA	SCIENZA
AMBIENTE	SEMI
EROSIONE	STUDIO
CIBO	SISTEMI
CRESCITA	VERDURE
ORGANICO	ACQUA
PIANTE	

79 - Hair Types

```
Z  G  K  U  S  L  H  S  K  O  T  L  A  S  T  B
K  S  E  I  M  E  U  E  R  O  S  S  E  P  S  I
I  Z  X  U  C  M  C  N  U  Z  L  O  L  R  G  A
Z  N  G  R  I  G  I  O  G  O  X  E  A  M  W  N
L  G  T  K  Q  O  U  R  D  O  Z  I  R  O  B  C
D  F  R  R  O  D  C  R  C  N  N  D  H  R  R  O
H  U  Z  L  E  I  E  A  W  A  O  T  R  B  E  W
H  T  B  I  J  C  C  M  W  S  V  I  G  I  V  P
C  B  W  U  Q  U  C  W  U  T  L  F  B  D  E  I
S  O  T  T  I  L  E  I  B  T  A  W  O  O  P  X
W  J  P  S  D  D  R  L  A  P  C  N  Q  T  N  R
G  X  F  T  C  W  T  N  O  T  A  L  U  D  N  O
A  S  C  I  U  T  T  O  L  X  O  I  C  C  I  R
J  H  A  N  U  Y  O  O  R  I  C  C  I  O  L  I
A  G  X  X  I  W  B  J  C  O  L  O  R  A  T  O
U  S  E  B  E  A  Q  P  U  N  E  R  O  L  E  Q
```

CALVO	GRIGIO
NERO	SANO
BIONDO	LUNGO
INTRECCIATO	LUCIDO
TRECCE	BREVE
MARRONE	MORBIDO
COLORATO	SPESSORE
RICCIOLI	SOTTILE
RICCIO	ONDULATO
ASCIUTTO	BIANCO

80 - Garden

```
F  Z  X  Q  O  X  T  F  U  G  S  D  E  J  C  C
Z  I  A  Z  Z  G  K  Z  T  H  H  X  R  A  N  C
S  T  O  I  L  A  C  A  M  A  R  T  B  M  W  E
E  T  T  R  B  R  R  L  K  X  S  U  A  N  E  S
R  J  A  U  E  A  U  A  W  W  N  R  G  A  Z  P
B  F  R  G  O  G  Q  P  J  E  U  Y  E  T  O  U
A  R  P  L  N  E  T  I  V  P  A  N  C  A  T  G
C  U  A  J  I  O  L  L  E  R  T  S  A  R  R  L
C  T  P  Y  D  C  B  D  O  B  E  N  B  U  A  I
E  T  M  Q  R  I  K  U  O  N  R  P  O  Q  M  O
W  E  Y  A  A  T  W  U  T  F  R  N  X  I  P  R
Z  T  B  T  I  R  Z  S  N  F  A  P  P  N  O  E
S  O  L  B  G  O  I  U  I  E  Z  A  H  U  L  B
X  D  C  E  A  P  G  Q  C  E  Z  M  G  L  I  L
O  Y  K  A  L  K  A  O  E  P  A  T  R  J  N  A
S  A  U  X  P  Y  E  F  R  W  T  I  D  O  O  W
```

PANCA	FRUTTETO
CESPUGLIO	STAGNO
RECINTO	PORTICO
FIORE	RASTRELLO
GARAGE	PALA
GIARDINO	TERRAZZA
ERBA	TRAMPOLINO
AMACA	ALBERO
TUBO	VITE
PRATO	ERBACCE

81 - Diplomacy

```
P  I  I  M  I  K  J  Y  M  G  J  T  A  W  X  I
H  E  N  O  I  Z  A  R  E  P  O  O  C  J  Q  E
Q  A  C  I  T  I  L  O  P  A  Q  V  M  H  O  A
D  À  T  I  R  G  E  T  N  I  À  E  E  E  Z  H
R  I  Q  A  C  I  T  E  A  Q  T  R  W  R  P  Y
I  N  P  D  I  S  C  U  S  S  I  O  N  E  N  M
S  I  C  L  B  C  W  I  T  F  N  T  S  I  G  O
O  D  F  R  O  A  S  D  U  G  U  A  I  L  I  I
L  A  Y  S  T  M  R  A  T  B  M  I  C  G  U  R
U  T  G  T  G  Q  A  Z  B  K  O  C  U  I  S  A
Z  T  T  G  I  Q  M  T  F  M  C  S  R  S  T  T
I  I  T  F  I  U  Q  X  I  J  A  A  E  N  I  I
O  C  I  V  I  C  K  M  C  C  E  B  Z  O  Z  N
N  S  O  L  U  Z  I  O  N  E  O  M  Z  C  I  A
E  T  R  A  T  T  A  T  O  D  C  A  A  T  A  M
U  J  C  O  N  F  L  I  T  T  O  H  A  Y  U  U
```

CONSIGLIERE	ETICA
AMBASCIATORE	GOVERNO
CITTADINI	UMANITARIO
CIVICO	INTEGRITÀ
COMUNITÀ	GIUSTIZIA
CONFLITTO	POLITICA
COOPERAZIONE	RISOLUZIONE
DIPLOMATICO	SICUREZZA
DISCUSSIONE	SOLUZIONE
AMBASCIATA	TRATTATO

82 - Countries #1

```
N S Q N I P X S J P A Q M N Y M
D Y L G Q O A D A N A C A A M F
X A D M U Q N N U B D A R U S I
B R A S I L E T A I R I O H Y N
W C X I F R D U J M N I C Z P L
P E B O Y Y Q M H E A S C A G A
S N R T P H A L Z F Q T O L P N
L P L T G N I A I N A M R E G D
E V A I N O L O P B R A A U W I
T I G G Q B A F C E I J E Z I A
T E E E N U T A F L G A G E S M
O T N L C A I G E V R O N N R L
N N E R O M A N I A E J S E A S
I A S N I C A R A G U A U V E R
A M C Y M Y O X P F M E B W L C
C A R S G H R H B G M S S T E K
```

BRASILE
CANADA
EGITTO
FINLANDIA
GERMANIA
IRAQ
ISRAELE
ITALIA
LETTONIA
LIBIA

MAROCCO
NICARAGUA
NORVEGIA
PANAMA
POLONIA
ROMANIA
SENEGAL
SPAGNA
VENEZUELA
VIETNAM

83 - Adjectives #1

```
G P U E T N A T R O P M I P H T
C R T M S E K O H M M W R E H U
X E I A N O C I T N E D I S H W
N Z L S O M T N G O D B E A U T
D I E C O S O I Z I B M A N L C
W O R U O E B E C I L E F T W E
C S X R L E N T O O K V L E G Z
M O N O C I T A M O R A G L I S
A T T R A E N T E T S R E I O O
M O D E R N O B L S X G N K W T
L A S S O L U T O E U K E X B T
I T Q I H D P U G N D F R U U I
A R T I S T I C O O B G O L O L
I K C I H J S G I H O W S Y U E
N Y E C T Q J J Q Q F K O A O I
K I D Z I D W J H Z R O K D Y X
```

ASSOLUTO	PESANTE
AMBIZIOSO	UTILE
AROMATICO	ONESTO
ARTISTICO	IDENTICO
ATTRAENTE	IMPORTANTE
BELLO	MODERNO
SCURO	GRAVE
ESOTICO	LENTO
GENEROSO	SOTTILE
FELICE	PREZIOSO

84 - Rainforest

```
B N P L H Z A K U W Y Q N W T T
D O U P M T W N L S O L A H J M
I I T V N W I I R E F I M M A M
V H C A O M L H I F N E I T Z P
E C O L N L L O T K D F L W N R
R S M G E I E C T G E X C B E E
S U U N G Y C O E T Y K S R V S
I M N U I J C O S P E C I E I E
T G I I D D U Y N J Z P Y W V R
À W T G N F X R I U K G S C V V
A J À A I P R E Z I O S O I A A
A N F I B I E O R U A T S E R Z
U R I X I P J H S G K R K H P I
R I F U G I O N A T U R A L O O
O E Z S D Y D K M G Q S T L S N
B G P F O J G M J K Z F G N J E
```

ANFIBI

UCCELLI

BOTANICO

CLIMA

NUVOLE

COMUNITÀ

DIVERSITÀ

INDIGENO

INSETTI

GIUNGLA

MAMMIFERI

MUSCHIO

NATURA

PRESERVAZIONE

RIFUGIO

RISPETTO

RESTAURO

SPECIE

SOPRAVVIVENZA

PREZIOSO

85 - Global Warming

```
E O F J E I N O I Z A L O P O P
P P R M X H M R K Z R R N P N G
O M J X O Z K U Z T T Q O Y Q E
T M K S A U L T A T I B A H E N
A E T F I S I U E W C C K A H E
I N M E G A B F R K O L Y J Y R
Z O X P R J G R B D G I U G O A
N I D E E R R U D I R M P O E Z
E Z A O N R E V O G W A B D N I
I A T U E H A I R T S U D N I O
C L I O Y B T T O X A C D Z G N
S S D I A L Q B U Q G R C Y G I
E I G N Q H D K G R A I T W X R
P G S V I L U P P O E S I S W W
E E L A T N E I B M A I T Y W K
R L A T T E N Z I O N E F P P B
```

ARTICO	GENERAZIONI
ATTENZIONE	GOVERNO
CLIMA	HABITAT
CRISI	INDUSTRIA
DATI	LEGISLAZIONE
SVILUPPO	ORA
ENERGIA	POPOLAZIONI
AMBIENTALE	SCIENZIATO
FUTURO	TEMPERATURE
GAS	RIDURRE

86 - Landscapes

```
O C E A N O O F Z U H M A T W G
K X M J Z I B A L S P O R P J H
G M U X B F S J S G P N J L Y I
O O I K P I R O P I G T G E J A
T G F H C F E Z L T Q A L W N C
U L A G O U S U T A E G S Z T C
N J W G K O Y D Y D R N U D O I
D P A L U D E L L A V A O Q G A
R I I N W W G I C E B E R G R I
A A G S I B W G H R F B A E O O
U E G S A L O S I N E P H S T M
H G A Q Y Q L I P P I R N I T H
Z D I J I E A O T R E S E D A F
T N P O Q O N A C L U V R A H Z
U Y S C A S C A T A I I A Y B C
O F T T I Z Z B M P Q U M C Z J
```

SPIAGGIA	OASI
GROTTA	OCEANO
DESERTO	PENISOLA
GEYSER	FIUME
GHIACCIAIO	MARE
COLLINA	PALUDE
ICEBERG	TUNDRA
ISOLA	VALLE
LAGO	VULCANO
MONTAGNA	CASCATA

87 - Plants

```
F  I  O  R  E  Z  A  O  M  F  P  Y  R  S  M  M
P  V  C  M  G  Z  B  A  S  A  E  A  T  Y  N  U
C  E  E  C  I  D  A  R  U  G  T  B  E  E  N  S
C  G  T  E  X  O  Z  F  X  I  A  R  O  L  F  C
Q  E  N  Q  Ù  I  Z  E  Y  O  L  E  T  S  F  H
S  T  A  L  B  E  R  O  S  L  O  A  B  S  D  I
B  A  Z  M  M  G  M  P  C  O  A  R  S  N  X  O
C  Z  Z  M  A  B  P  A  F  A  T  S  E  R  O  F
E  I  I  G  B  Q  T  R  I  U  C  D  P  U  L  E
S  O  L  E  I  R  R  E  E  L  F  T  U  G  B  G
P  N  I  X  C  A  Q  D  J  J  G  J  U  W  A  Q
U  E  T  H  G  C  R  E  P  L  T  O  B  S  C  O
G  E  R  Z  W  B  Q  D  T  F  T  C  F  E  C  Z
L  F  E  Y  W  E  B  E  I  I  W  A  K  D  A  T
I  E  F  T  B  Y  Q  D  P  N  K  M  H  T  W  E
O  B  O  T  A  N  I  C  A  U  O  D  R  K  R  X
```

BAMBÙ	FORESTA
FAGIOLO	GIARDINO
BACCA	ERBA
BOTANICA	EDERA
CESPUGLIO	MUSCHIO
CACTUS	PETALO
FERTILIZZANTE	RADICE
FLORA	STELO
FIORE	ALBERO
FOGLIAME	VEGETAZIONE

88 - Countries #2

```
R U S S I A Z G H N X T F G E G
Z I S R H I Z I X B P C Z Z T I
B A I N S R I A I L A M O S I A
G A H H M E J P A J U N X Z O M
B O W Q S B W P N E P A L J P A
L C E H A I M O K P R Q W O I I
P I M W N L N N P K H F B B A C
A S B J Y Q B E Y O A L A O S A
K S Y A U X L A X B I R D S C T
I E R I N G C W N Y T Z K P J M
S M O R X O A J P I I S U D A N
T A U I U W P N M Y A I F R E E
A W F S D M H K D G R E C I A S
N U C R A I N A X A I R E G I N
R A D A N I M A R C A T K X E Q
Z M B D Z P H L P T N G N P Q H
```

ALBANIA	MESSICO
DANIMARCA	NEPAL
ETIOPIA	NIGERIA
GRECIA	PAKISTAN
HAITI	RUSSIA
GIAMAICA	SOMALIA
GIAPPONE	SUDAN
LAOS	SIRIA
LIBANO	UGANDA
LIBERIA	UCRAINA

89 - Ecology

```
K  H  F  I  D  W  O  E  N  G  A  T  N  O  M  Z
J  M  L  U  Q  A  T  L  I  R  P  G  K  Z  T  X
N  T  O  Q  M  C  U  I  U  I  F  I  Z  T  Q  R
K  X  R  P  E  E  P  B  O  S  T  À  A  H  J  A
Y  X  A  N  D  A  H  I  P  O  L  T  J  N  À  Z
N  O  W  E  Z  X  L  N  Q  R  Y  I  O  V  T  N
N  A  T  U  R  A  L  E  S  S  À  N  A  E  I  E
G  L  O  B  A  L  E  T  H  E  T  U  T  G  C  V
S  P  A  L  U  D  E  S  C  L  I  M  A  E  C  I
E  P  G  I  M  K  X  O  T  H  S  O  T  T  I  V
F  C  E  W  O  E  J  S  M  I  R  C  I  A  S  V
B  A  H  C  N  H  A  D  A  O  E  D  B  Z  A  A
X  S  U  J  I  R  F  E  L  B  V  T  A  I  J  R
E  S  C  N  R  E  N  K  K  O  I  N  H  O  I  P
E  O  B  S  A  R  U  T  A  N  D  O  F  N  J  O
O  E  O  A  M  W  G  B  E  E  H  C  L  E  E  S
```

CLIMA
COMUNITÀ
DIVERSITÀ
SICCITÀ
FAUNA
FLORA
GLOBALE
HABITAT
MARINO
PALUDE

MONTAGNE
NATURALE
NATURA
PIANTE
RISORSE
SPECIE
SOPRAVVIVENZA
SOSTENIBILE
VEGETAZIONE

90 - Adjectives #2

```
B  S  E  L  V  A  G  G  I  O  X  Z  D  I  O  B
T  A  B  G  C  E  Y  O  Y  K  N  D  T  N  A  Z
N  N  J  C  T  E  U  J  T  M  L  W  C  T  T  B
S  A  F  F  A  M  A  T  O  T  J  P  Q  E  X  G
A  R  E  S  P  O  N  S  A  B  I  L  E  R  E  W
N  N  I  K  L  C  C  A  L  D  O  R  L  E  N  C
O  V  I  T  T  I  R  C  S  E  D  Y  A  S  T  F
T  V  O  V  I  T  A  E  R  C  X  O  R  S  A  L
A  K  O  R  E  N  F  S  L  N  G  U  U  A  S  C
T  U  T  U  G  E  F  A  C  E  C  B  T  N  S  B
O  O  A  C  N  T  C  M  M  I  M  N  A  T  O  G
D  A  L  E  K  U  G  E  Y  O  U  G  N  E  N  N
M  G  A  B  G  A  E  G  Q  L  S  T  L  T  N  A
H  O  S  O  I  L  G  O  G  R  O  O  T  R  A  K
P  R  O  D  U  T  T  I  V  O  B  K  T  O  T  M
E  J  N  D  E  L  E  G  A  N  T  E  Y  F  O  U
```

AUTENTICO	INTERESSANTE
CREATIVO	NATURALE
DESCRITTIVO	NUOVO
ASCIUTTO	PRODUTTIVO
ELEGANTE	ORGOGLIOSO
FAMOSO	RESPONSABILE
DOTATO	SALATO
SANO	ASSONNATO
CALDO	FORTE
AFFAMATO	SELVAGGIO

91 - Psychology

```
U  R  I  O  P  M  O  I  C  S  N  O  C  B  U  S
J  J  D  C  F  Y  Z  N  R  G  F  R  N  R  J  A
K  O  D  F  Q  Z  B  F  X  E  R  G  K  W  J  P
À  T  L  A  E  R  H  A  R  M  I  K  L  W  C  P
I  N  I  A  L  H  O  N  G  M  Q  S  X  M  I  U
D  E  P  I  H  A  F  Z  U  Y  N  S  N  S  R  N
E  M  K  N  X  S  L  I  C  Z  O  Z  G  E  R  T
E  A  E  G  J  O  Y  A  M  E  L  B  O  R  P  A
N  T  P  E  R  S  O  N  A  L  I  T  À  U  O  M
S  R  K  O  T  T  I  L  F  N  O  C  E  W  M  E
M  O  S  C  O  G  N  I  Z  I  O  N  E  G  X  N
T  P  G  I  P  E  R  C  E  Z  I  O  N  E  O  T
H  M  E  N  O  I  Z  A  S  N  E  S  H  Z  Q  O
A  O  R  I  I  V  A  L  U  T  A  Z  I  O  N  E
D  C  B  L  T  E  R  A  P  I  A  P  T  F  B  K
A  N  D  C  E  M  O  Z  I  O  N  I  J  F  K  K
```

APPUNTAMENTO
VALUTAZIONE
COMPORTAMENTO
INFANZIA
CLINICO
COGNIZIONE
CONFLITTO
SOGNI
EGO
EMOZIONI

IDEE
PERCEZIONE
PERSONALITÀ
PROBLEMA
REALTÀ
SENSAZIONE
SUBCONSCIO
TERAPIA
PENSIERI

92 - Math

```
D P A R A L L E L O P A I R M Q
K E N O I Z A U Q E E R K T B K
C T C A R E W A F N R I Q M S Z
Y N A I E O R Z D O I T S Y R J
W E J R M H B N Q I M M H L D A
Q N R T U A O E U S E E M G F M
X O U E N I L R A I T T L P W Y
R P B M F R O E D V R I H P S F
F S F M U T G F R I O C D F E D
R E I I X E N N A D R A C T Z F
A M R S N M A O T B A K N M I X
Z U A L B O I C O R T E M A I D
I L G I R E R R P O L I G O N O
O O G Y Z G T I G P Q W D T U F
N V I R R S Q C A N G O L I B J
E O O L O G N A T T E R Z Z N J
```

ANGOLI	NUMERI
ARITMETICA	PARALLELO
CIRCONFERENZA	PERIMETRO
DECIMALE	POLIGONO
DIAMETRO	RAGGIO
DIVISIONE	RETTANGOLO
EQUAZIONE	QUADRATO
ESPONENTE	SIMMETRIA
FRAZIONE	TRIANGOLO
GEOMETRIA	VOLUME

93 - Activities

```
O T N E M A S S A L I R E I O P
C L B T T D A S R M R W S N I I
P R Y D C R D Q T A Y U C T G A
C U C I R E A B I G S R U E G C
A T T I V I T À G I C G R R E E
J R H S J L Q U I A A C S E P R
L E T T U R A T A E R W I S M E
G C J K O B B J N Y D S O S A P
G Z C N A C Y D A W M A N I C J
Q L X Q A D G U T C C E I F P X
C E R A M I C A O N K U N N M K
N G M G I T E M P O L I B E R O
Z H Y R X C W C C W Y X Y F U O
P Y T C E O C A B I L I T À P M
D A N Z A I F A R G O T O F B T
X D B K Y Z M U C G I O C H I H
```

ATTIVITÀ
ARTE
CAMPEGGIO
CERAMICA
ARTIGIANATO
DANZA
PESCA
GIOCHI
ESCURSIONI
CACCIA

INTERESSI
TEMPO LIBERO
MAGIA
FOTOGRAFIA
PIACERE
LETTURA
RILASSAMENTO
CUCIRE
ABILITÀ

94 - Business

```
L C A Z A K B C H Z N J T A E C
N P G D U A H A N E G O Z I O K
Y F X W Z U C F J C E I C M I H
P R B F R P P Q M R N C A O C J
I R E G A N A M J E R N R N I F
D E O S C O N T O M A A R O F I
I I I F R S O L D I C L I C F N
I C P C I S K I P S I I E E U A
E W B E O T I D D E R B R V H N
Q R H W N S T F H F B U A E N Z
Q G L I L D T O S C B K I N L A
B N D B J S E O J K A G D D P T
S O C I E T À N C E F Z O I P U
T A S S E T T C T Y B L N T J L
L F J Z R Z T F C E Z W M A N A
I N V E S T I M E N T O U Y N V
```

BILANCIO
CARRIERA
SOCIETÀ
COSTO
VALUTA
SCONTO
ECONOMIA
DIPENDENTE
FABBRICA
FINANZA

REDDITO
INVESTIMENTO
MANAGER
MERCE
SOLDI
UFFICIO
PROFITTO
VENDITA
NEGOZIO
TASSE

95 - The Company

```
I  I  N  N  O  V  A  T  I  V  O  D  T  A  T  A
Z  N  P  R  E  S  E  N  T  A  Z  I  O  N  E  J
G  K  D  P  R  O  F  E  S  S  I  O  N  A  L  E
I  C  A  U  J  S  Q  N  Y  F  O  B  K  G  B  À
G  S  W  O  S  S  E  R  G  O  R  P  Y  B  P  T
R  D  S  W  O  T  N  E  M  I  T  S  E  V  N  I
D  E  P  X  S  Q  R  S  F  A  F  I  O  S  R  L
Q  E  P  G  S  O  T  I  D  D  E  R  X  I  I  I
U  Q  C  U  H  F  E  L  A  B  O  L  G  Y  S  B
A  O  V  I  T  A  E  R  C  M  G  N  N  P  C  I
L  U  O  J  S  A  G  E  N  E  R  A  R  E  H  S
I  N  Z  T  S  I  Z  Q  I  G  D  M  K  K  I  S
T  I  W  A  E  N  O  I  Z  A  P  U  C  C  O  O
À  T  K  C  F  D  H  N  O  T  T  O  D  O  R  P
L  À  B  L  B  J  X  W  E  N  I  N  H  N  U  F
R  I  S  O  R  S  E  E  Z  N  E  D  N  E  T  N
```

CREATIVO	PROFESSIONALE
DECISIONE	PROGRESSO
OCCUPAZIONE	QUALITÀ
GLOBALE	REPUTAZIONE
INDUSTRIA	RISORSE
INNOVATIVO	REDDITO
INVESTIMENTO	RISCHI
POSSIBILITÀ	GENERARE
PRESENTAZIONE	TENDENZE
PRODOTTO	UNITÀ

96 - Literature

```
J  D  N  R  P  A  G  B  K  K  X  B  E  X  M  T
X  I  S  I  L  A  N  A  K  X  I  L  R  C  A  R
T  A  R  K  H  H  M  S  T  I  L  E  Q  O  N  A
B  L  H  G  Z  B  M  E  R  O  T  U  A  N  E  G
W  O  M  T  I  R  B  Z  T  L  Z  A  N  C  D  E
J  G  E  A  R  O  F  A  T  E  M  U  C  L  D  D
U  O  N  I  M  Z  Y  T  I  Q  Q  L  T  U  O  I
C  B  O  F  H  U  G  H  F  S  I  S  I  S  T  A
O  A  I  A  Z  F  I  N  Z  I  O  N  E  I  O  G
N  I  Z  R  I  S  E  C  R  J  N  G  X  O  J  F
F  S  I  G  B  Q  J  H  I  O  B  X  H  N  U  O
R  E  R  O  T  A  R  R  A  N  M  T  J  E  N  R
O  O  C  I  T  E  O  P  T  M  X  A  B  N  G  C
N  P  S  B  M  D  U  R  T  Y  H  Y  N  N  D  U
T  S  E  O  W  A  I  G  O  L  A  N  A  Z  X  B
O  S  D  W  U  X  P  Q  L  C  P  N  C  Y  O  T
```

ANALOGIA

ANALISI

ANEDDOTO

AUTORE

BIOGRAFIA

CONFRONTO

CONCLUSIONE

DESCRIZIONE

DIALOGO

FINZIONE

METAFORA

NARRATORE

ROMANZO

POESIA

POETICO

RIMA

RITMO

STILE

TEMA

TRAGEDIA

97 - Geography

```
O H G Q D C D M C A L K I K J F
I V U F W I B O G L A L O S I C
R C E D A T L N N T T C I U G E
O S O S I T W T M I I Q B H J J
T M X N T À Z A Y T T D I A O G
I S U D T C E G A U U R K T H M
R Z Q Y L I O N M D D R O N G M
R P G S J C N A U I I F T T T O
E T N A L T A E G N N D L H U N
T E N O I G E R N E E M U I F D
L O R K K D C A A T E M G Y D O
F P J F P A O M D E E H Q N Y J
D T P Q I G S W E M I S F E R O
Z T S Z U R B P A N N P E I W K
O G T Z Y R T Z Q Z A P P A M I
M E R I D I A N O E L F G I P A
```

ALTITUDINE	MONTAGNA
ATLANTE	NORD
CITTÀ	OCEANO
CONTINENTE	REGIONE
PAESE	FIUME
EMISFERO	MARE
ISOLA	SUD
LATITUDINE	TERRITORIO
MAPPA	OVEST
MERIDIANO	MONDO

98 - Jazz

```
V G M O S W S Y A T R X F S D U
K E E X Q R F P R A I B A P O M
I L C N Y A T P T L T B U T G Q
T I D C E W J O I E M W S H X T
I T X Y H R X R S N O S O M A F
R S B Z T I E C T T T C T C T C
E N F A S I O H A O R U E A X O
F E P C O X W E Q A E N C N D M
E Y O I C M J S O G C H N Z A P
R C K S M W F T C V N O I O P O
P J C U O Z L R R Q O Q C N P S
M I F M F T S A J W C U A E L I
B W C O M P O S I Z I O N E A T
M T W J J J M N Y Q G X U T U O
C X U J U L D T H Q M T R Y S R
B A T T E R I A A L B U M P O E
```

ALBUM
APPLAUSO
ARTISTA
COMPOSITORE
COMPOSIZIONE
CONCERTO
BATTERIA
ENFASI
FAMOSO
PREFERITI

GENERE
MUSICA
NUOVO
VECCHIO
ORCHESTRA
RITMO
CANZONE
STILE
TALENTO
TECNICA

99 - Nature

```
V O C A Q P D E S E R T O W C C
I I H P E R O S I O N E R T Y M
J Y T I B E L L E Z Z A P D R A
Q D D A G H I A C C I A I O F B
M P K T L H P N E B B I A C I F
E G A S Q E L O V U N W S I U F
R O I E R E I L G O C S F M M A
F S O R L C L M F G K O S A E N
C O I O S A N T U A R I O N N I
F R G F H T C X K R F A C I G M
M Z G L Q G O I T A Q P I D A A
I C A K I P E E P R R T T S T L
R Q V A E A H U Z O Q N R X N I
I F L R S O M Q E H R K A I O I
F O E H P L G E S C O T J Z M B
K N S S E R E N O T M E G U X C
```

ANIMALI
ARTICO
BELLEZZA
API
SCOGLIERE
NUVOLE
DESERTO
DINAMICO
EROSIONE
NEBBIA

FOGLIAME
FORESTA
GHIACCIAIO
MONTAGNE
FIUME
SANTUARIO
SERENO
TROPICALE
VITALE
SELVAGGIO

100 - Electricity

```
H B T B A A A N I D A P M A L W
O A T Q H R X E O G E N S P J J
L T N U E U L G V N P I D K G N
X T G A N T Z A A M O A C J S O
R E E N A A G T C L S F Z P R C
M R N T T Z I I W W I B E U Q I
A I E I S Z R V X J T C H L L R
G A R T I E N O I S I V E L E T
N G A À C R H Z T I V P P L S T
E I T Q I T T E G G O S R L K E
T M O S R T L A M P A D A E X L
E P R Y T A L A S E R P P E S E
T C E L T I F M R T R W J O D A
D X T T E G P E A H E E M N D Q
L O D I L I F U K Y N P T P Z A
C O N S E R V A Z I O N E E W O
```

BATTERIA	NEGATIVO
LAMPADINA	RETE
CAVO	OGGETTI
ELETTRICO	POSITIVO
ELETTRICISTA	QUANTITÀ
ATTREZZATURA	PRESA
GENERATORE	CONSERVAZIONE
LAMPADA	TELEFONO
LASER	TELEVISIONE
MAGNETE	FILI

1 - Antiques

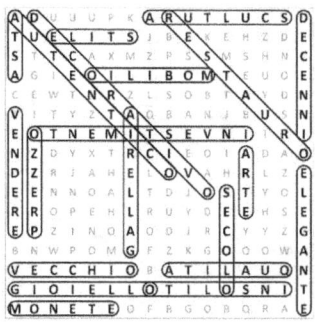

2 - Food #1

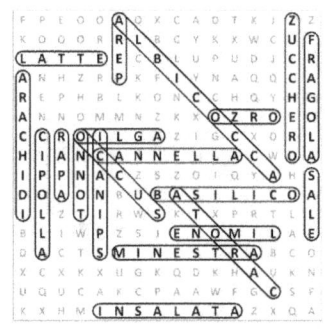

3 - Measurements

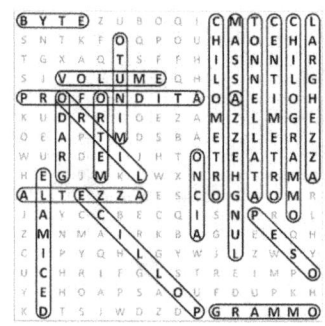

4 - Farm #2

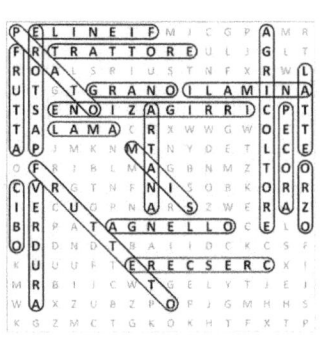

5 - Books

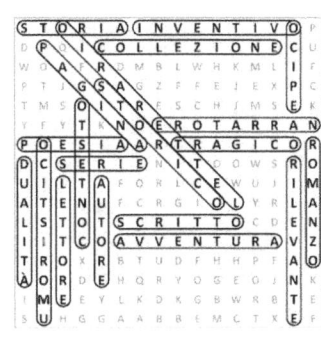

6 - Meditation

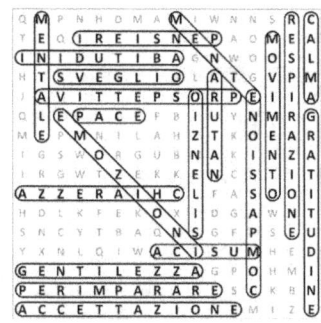

7 - Days and Months

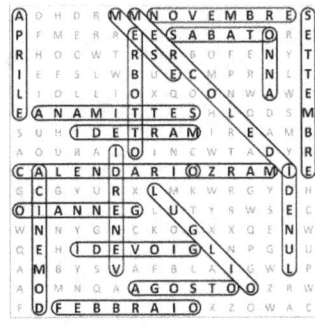

8 - Energy

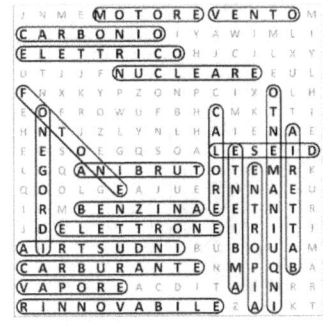

9 - Chess

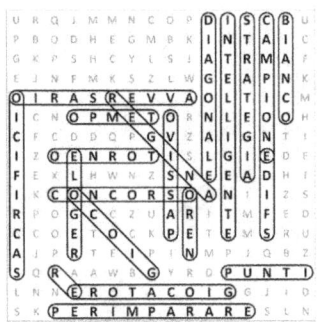

10 - Archeology

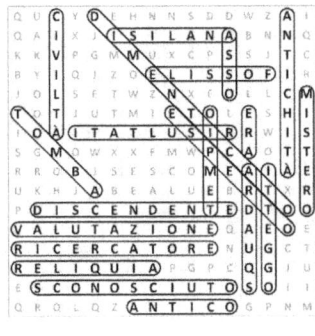

11 - Food #2

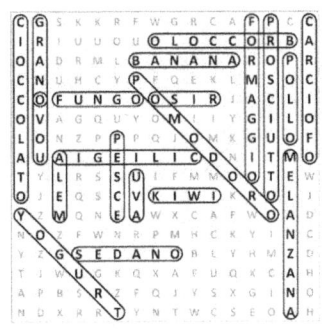

12 - Chemistry

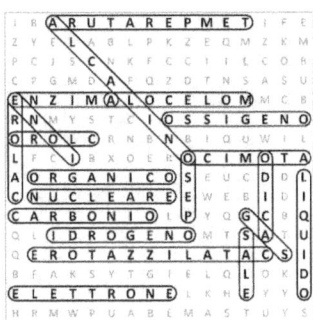

13 - Music

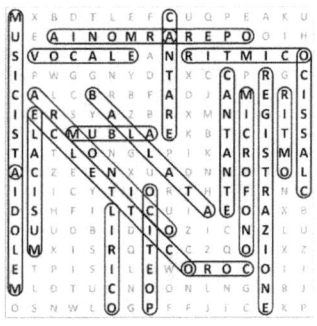

14 - Family

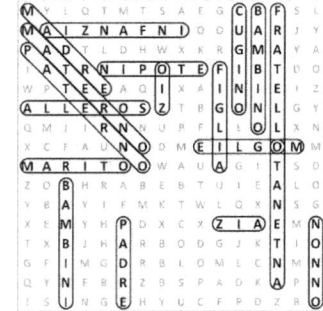

15 - Farm #1

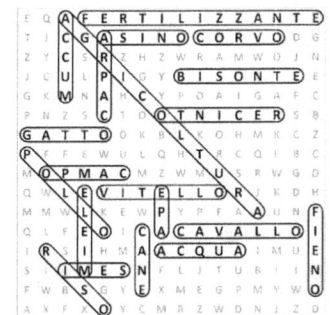

16 - Camping

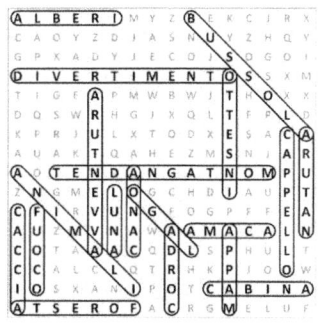

17 - Algebra

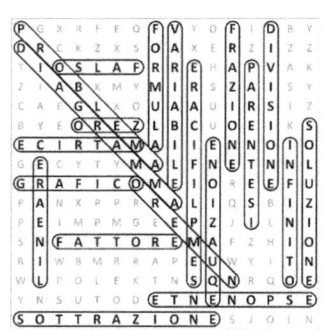

18 - Numbers

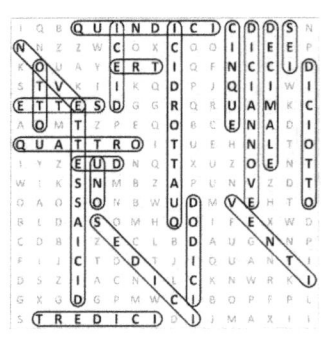

19 - Spices

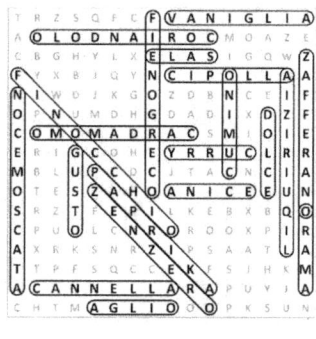

20 - Mammals

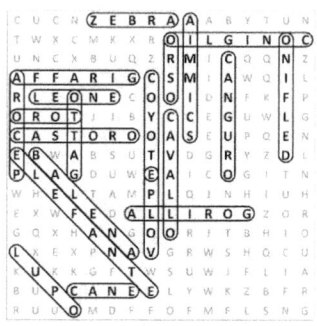

21 - Restaurant #1

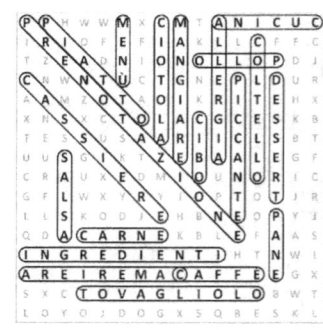

22 - Bees

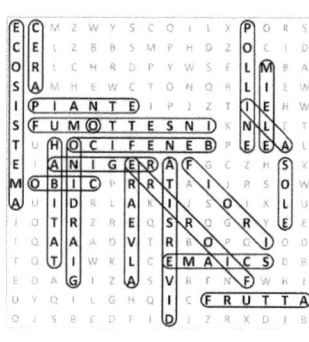

23 - Adventure

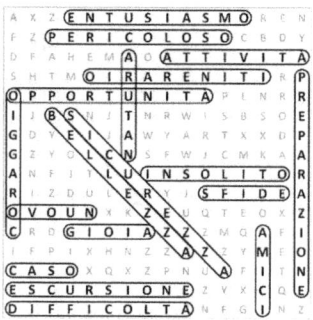

24 - Sport

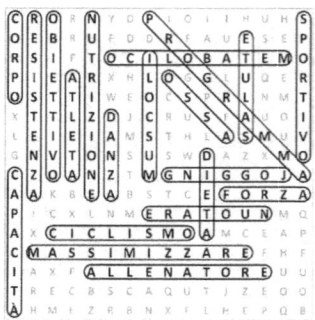

25 - Restaurant #2

26 - Geology

27 - House

28 - Physics

29 - Dance

30 - Coffee

31 - Shapes

32 - Scientific Disciplines

33 - Science

34 - Beauty

35 - Clothes

36 - Ethics

37 - Insects

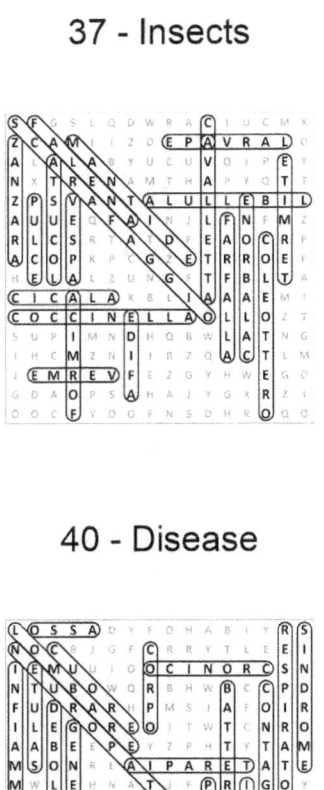

38 - Astronomy

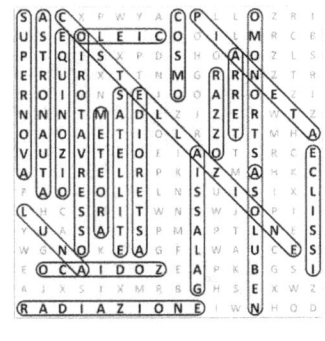

39 - Health and Wellness #2

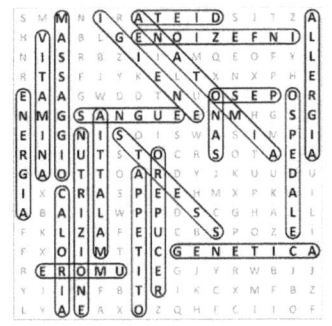

40 - Disease

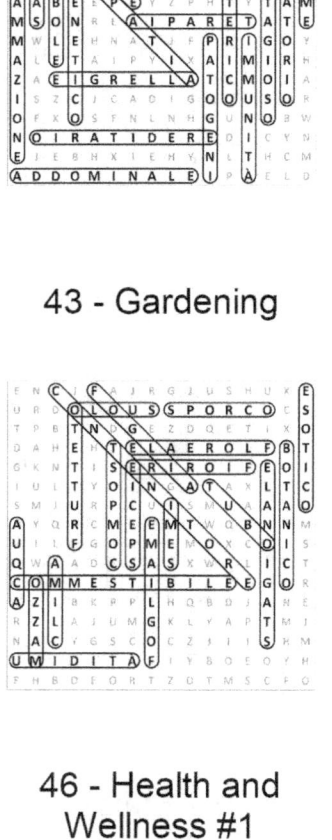

41 - Buildings

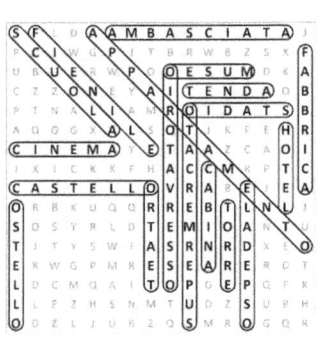

42 - Philanthropy

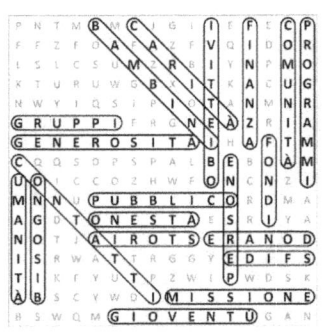

43 - Gardening

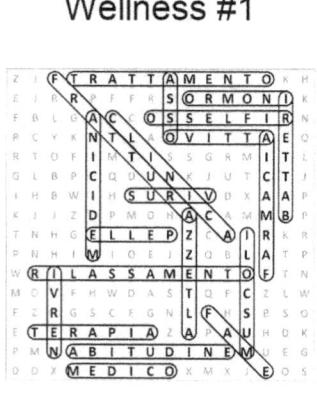

44 - Herbalism

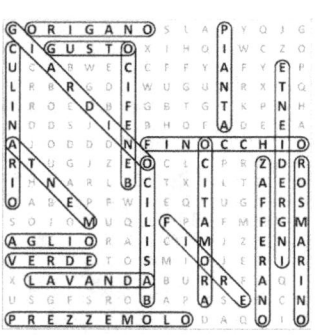

45 - Flowers

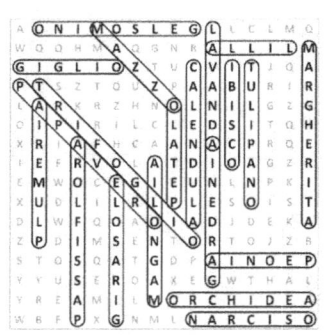

46 - Health and Wellness #1

47 - Antarctica

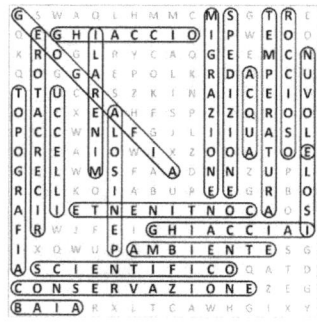

48 - Ballet

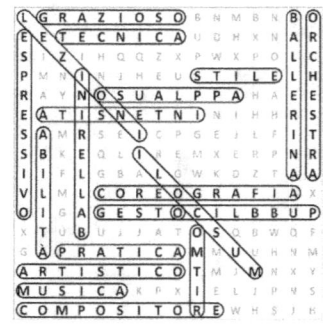

49 - Fashion

50 - Human Body

51 - Musical Instruments

52 - Fruit

53 - Engineering

54 - Kitchen

55 - Government

56 - Art Supplies

57 - Science Fiction

58 - Geometry

59 - Creativity

60 - Airplanes

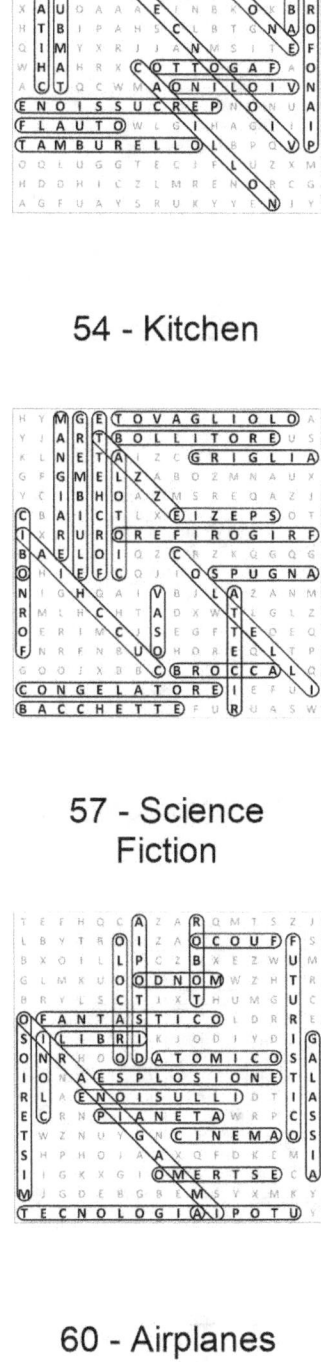
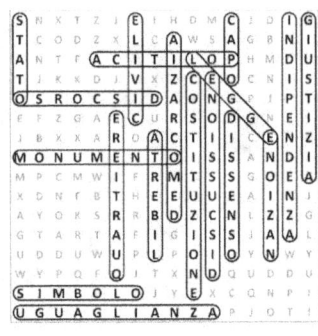

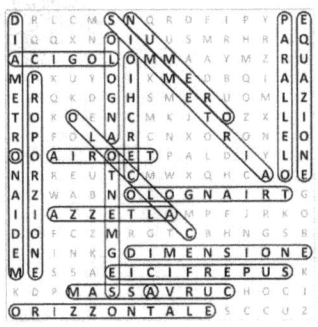
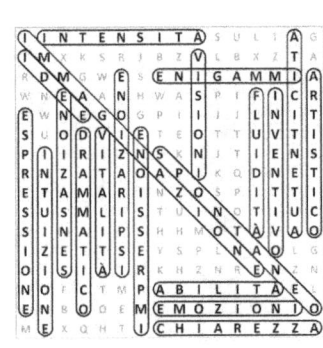

61 - Ocean

62 - Force and Gravity

63 - Birds

64 - Art

65 - Nutrition

66 - Hiking

67 - Professions #1

68 - Barbecues

69 - Chocolate

70 - The Media

71 - Boats

72 - Activities and Leisure

73 - Driving

74 - Biology

75 - Professions #2

76 - Emotions

77 - Mythology

78 - Agronomy

79 - Hair Types

80 - Garden

81 - Diplomacy

82 - Countries #1

83 - Adjectives #1

84 - Rainforest

85 - Global Warming

86 - Landscapes

87 - Plants

88 - Countries #2

89 - Ecology

90 - Adjectives #2

91 - Psychology

92 - Math

93 - Activities

94 - Business

95 - The Company

96 - Literature

97 - Geography

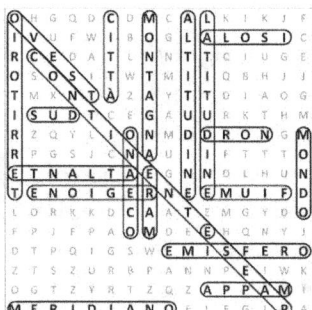

98 - Jazz

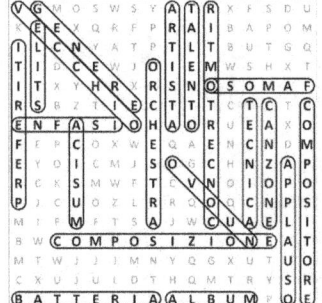

99 - Nature

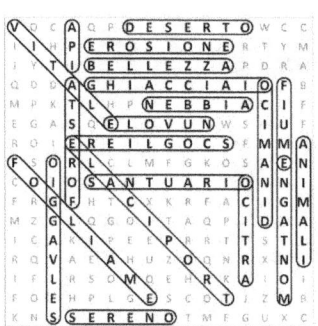

100 - Electricity

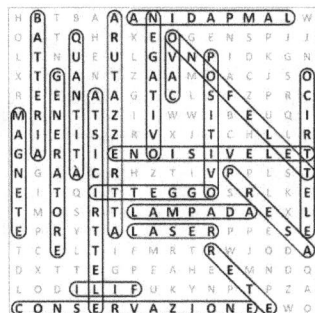

Dictionary

Activities
Attività

Activity	Attività
Art	Arte
Camping	Campeggio
Ceramics	Ceramica
Crafts	Artigianato
Dancing	Danza
Fishing	Pesca
Games	Giochi
Gardening	Giardinaggio
Hiking	Escursioni
Hunting	Caccia
Interests	Interessi
Leisure	Tempo Libero
Magic	Magia
Photography	Fotografia
Pleasure	Piacere
Reading	Lettura
Relaxation	Rilassamento
Sewing	Cucire
Skill	Abilità

Activities and Leisure
Attività e Tempo Libero

Art	Arte
Baseball	Baseball
Basketball	Basket
Boxing	Boxe
Camping	Campeggio
Diving	Immersione
Fishing	Pesca
Gardening	Giardinaggio
Golf	Golf
Hiking	Escursioni
Hobbies	Hobby
Painting	Pittura
Relaxing	Rilassante
Shopping	Shopping
Soccer	Calcio
Surfing	Surf
Swimming	Nuoto
Tennis	Tennis
Travel	Viaggio
Volleyball	Pallavolo

Adjectives #1
Aggettivi #1

Absolute	Assoluto
Ambitious	Ambizioso
Aromatic	Aromatico
Artistic	Artistico
Attractive	Attraente
Beautiful	Bello
Dark	Scuro
Exotic	Esotico
Generous	Generoso
Happy	Felice
Heavy	Pesante
Helpful	Utile
Honest	Onesto
Identical	Identico
Important	Importante
Modern	Moderno
Serious	Grave
Slow	Lento
Thin	Sottile
Valuable	Prezioso

Adjectives #2
Aggettivi #2

Authentic	Autentico
Creative	Creativo
Descriptive	Descrittivo
Dry	Asciutto
Elegant	Elegante
Famous	Famoso
Gifted	Dotato
Healthy	Sano
Hot	Caldo
Hungry	Affamato
Interesting	Interessante
Natural	Naturale
New	Nuovo
Productive	Produttivo
Proud	Orgoglioso
Responsible	Responsabile
Salty	Salato
Sleepy	Assonnato
Strong	Forte
Wild	Selvaggio

Adventure
Avventura

Activity	Attività
Beauty	Bellezza
Bravery	Coraggio
Challenges	Sfide
Chance	Caso
Dangerous	Pericoloso
Destination	Destinazione
Difficulty	Difficoltà
Enthusiasm	Entusiasmo
Excursion	Escursione
Friends	Amici
Itinerary	Itinerario
Joy	Gioia
Nature	Natura
Navigation	Navigazione
New	Nuovo
Opportunity	Opportunità
Preparation	Preparazione
Safety	Sicurezza
Unusual	Insolito

Agronomy
Agronomia

Agriculture	Agricoltura
Diseases	Malattie
Ecology	Ecologia
Energy	Energia
Environment	Ambiente
Erosion	Erosione
Fertilizer	Fertilizzante
Food	Cibo
Growth	Crescita
Organic	Organico
Plants	Piante
Pollution	Inquinamento
Production	Produzione
Rural	Rurale
Science	Scienza
Seeds	Semi
Study	Studio
Systems	Sistemi
Vegetables	Verdure
Water	Acqua

Airplanes
Aeroplani

Adventure	Avventura
Air	Aria
Altitude	Altitudine
Atmosphere	Atmosfera
Balloon	Palloncino
Construction	Costruzione
Crew	Equipaggio
Descent	Discesa
Design	Design
Engine	Motore
Fuel	Carburante
Height	Altezza
History	Storia
Hydrogen	Idrogeno
Landing	Atterraggio
Passenger	Passeggero
Pilot	Pilota
Propellers	Eliche
Sky	Cielo
Turbulence	Turbolenza

Algebra
Algebra

Diagram	Diagramma
Division	Divisione
Equation	Equazione
Exponent	Esponente
Factor	Fattore
False	Falso
Formula	Formula
Fraction	Frazione
Graph	Grafico
Infinite	Infinito
Linear	Lineare
Matrix	Matrice
Number	Numero
Parenthesis	Parentesi
Problem	Problema
Simplify	Semplificare
Solution	Soluzione
Subtraction	Sottrazione
Variable	Variabile
Zero	Zero

Antarctica
Antartide

Bay	Baia
Birds	Uccelli
Clouds	Nuvole
Conservation	Conservazione
Continent	Continente
Environment	Ambiente
Expedition	Spedizione
Geography	Geografia
Glaciers	Ghiacciai
Ice	Ghiaccio
Islands	Isole
Migration	Migrazione
Minerals	Minerali
Peninsula	Penisola
Researcher	Ricercatore
Rocky	Roccioso
Scientific	Scientifico
Temperature	Temperatura
Topography	Topografia
Water	Acqua

Antiques
Antiquariato

Art	Arte
Auction	Asta
Authentic	Autentico
Century	Secolo
Coins	Monete
Decades	Decenni
Decorative	Decorativo
Elegant	Elegante
Furniture	Mobilio
Gallery	Galleria
Investment	Investimento
Jewelry	Gioiello
Old	Vecchio
Price	Prezzo
Quality	Qualità
Restoration	Restauro
Sculpture	Scultura
Style	Stile
To Sell	Vendere
Unusual	Insolito

Archeology
Archeologia

Analysis	Analisi
Ancient	Antico
Antiquity	Antichità
Bones	Ossa
Civilization	Civiltà
Descendant	Discendente
Era	Era
Evaluation	Valutazione
Expert	Esperto
Findings	Risultati
Forgotten	Dimenticato
Fossil	Fossile
Mystery	Mistero
Objects	Oggetti
Relic	Reliquia
Researcher	Ricercatore
Team	Squadra
Temple	Tempio
Tomb	Tomba
Unknown	Sconosciuto

Art
Arte

Ceramic	Ceramica
Complex	Complesso
Composition	Composizione
Create	Creare
Expression	Espressione
Figure	Figura
Honest	Onesto
Inspired	Ispirato
Mood	Umore
Original	Originale
Paintings	Dipinti
Personal	Personale
Poetry	Poesia
Portray	Ritrarre
Sculpture	Scultura
Simple	Semplice
Subject	Soggetto
Surrealism	Surrealismo
Symbol	Simbolo
Visual	Visivo

Art Supplies
Forniture Artistiche

Acrylic	Acrilico
Brushes	Spazzole
Camera	Telecamera
Chair	Sedia
Charcoal	Carbone
Clay	Argilla
Colors	Colori
Creativity	Creatività
Easel	Cavalletto
Eraser	Gomma
Glue	Colla
Ideas	Idee
Ink	Inchiostro
Oil	Olio
Paints	Vernici
Paper	Carta
Pencils	Matite
Table	Tavolo
Water	Acqua
Watercolors	Acquerelli

Astronomy
Astronomia

Asteroid	Asteroide
Astronaut	Astronauta
Astronomer	Astronomo
Constellation	Costellazione
Cosmos	Cosmo
Earth	Terra
Eclipse	Eclissi
Equinox	Equinozio
Galaxy	Galassia
Meteor	Meteora
Moon	Luna
Nebula	Nebulosa
Observatory	Osservatorio
Planet	Pianeta
Radiation	Radiazione
Rocket	Razzo
Satellite	Satellite
Sky	Cielo
Supernova	Supernova
Zodiac	Zodiaco

Ballet
Balletto

Applause	Applauso
Artistic	Artistico
Audience	Pubblico
Ballerina	Ballerina
Choreography	Coreografia
Composer	Compositore
Dancers	Ballerini
Expressive	Espressivo
Gesture	Gesto
Graceful	Grazioso
Intensity	Intensità
Lessons	Lezioni
Muscles	Muscoli
Music	Musica
Orchestra	Orchestra
Practice	Pratica
Rhythm	Ritmo
Skill	Abilità
Style	Stile
Technique	Tecnica

Barbecues
Barbecue

Chicken	Pollo
Children	Bambini
Dinner	Cena
Family	Famiglia
Food	Cibo
Forks	Forchette
Friends	Amici
Fruit	Frutta
Games	Giochi
Grill	Griglia
Hot	Caldo
Hunger	Fame
Knives	Coltelli
Music	Musica
Salads	Insalate
Salt	Sale
Sauce	Salsa
Summer	Estate
Tomatoes	Pomodori
Vegetables	Verdure

Beauty
Bellezza

Charm	Fascino
Color	Colore
Cosmetics	Cosmetici
Curls	Riccioli
Elegance	Eleganza
Elegant	Elegante
Fragrance	Fragranza
Grace	Grazia
Lipstick	Rossetto
Makeup	Trucco
Mascara	Mascara
Mirror	Specchio
Oils	Oli
Photogenic	Fotogenico
Products	Prodotti
Scissors	Forbici
Services	Servizi
Shampoo	Shampoo
Skin	Pelle
Stylist	Stilista

Bees
Api

Beneficial	Benefico
Blossom	Fiorire
Diversity	Diversità
Ecosystem	Ecosistema
Flowers	Fiori
Food	Cibo
Fruit	Frutta
Garden	Giardino
Habitat	Habitat
Hive	Alveare
Honey	Miele
Insect	Insetto
Plants	Piante
Pollen	Polline
Queen	Regina
Smoke	Fumo
Sun	Sole
Swarm	Sciame
Wax	Cera
Wings	Ali

Biology
Biologia

Anatomy	Anatomia
Bacteria	Batteri
Cell	Cellula
Chromosome	Cromosoma
Collagen	Collagene
Embryo	Embrione
Enzyme	Enzima
Evolution	Evoluzione
Hormone	Ormone
Mammal	Mammifero
Mutation	Mutazione
Natural	Naturale
Nerve	Nervo
Neuron	Neurone
Osmosis	Osmosi
Photosynthesis	Fotosintesi
Protein	Proteina
Reptile	Rettile
Symbiosis	Simbiosi
Synapse	Sinapsi

Birds
Uccelli

Canary	Canarino
Chicken	Pollo
Crow	Corvo
Cuckoo	Cuculo
Dove	Colomba
Duck	Anatra
Eagle	Aquila
Egg	Uovo
Flamingo	Fenicottero
Goose	Oca
Heron	Airone
Ostrich	Struzzo
Parrot	Pappagallo
Peacock	Pavone
Pelican	Pellicano
Penguin	Pinguino
Sparrow	Passero
Stork	Cicogna
Swan	Cigno
Toucan	Tucano

Boats
Imbarcazioni

Anchor	Ancora
Buoy	Boa
Canoe	Canoa
Crew	Equipaggio
Dock	Dock
Engine	Motore
Ferry	Traghetto
Kayak	Kayak
Lake	Lago
Mast	Albero
Nautical	Nautico
Ocean	Oceano
Raft	Zattera
River	Fiume
Rope	Corda
Sailboat	Barca a Vela
Sailor	Marinaio
Sea	Mare
Tide	Marea
Yacht	Yacht

Books
Libri

Adventure	Avventura
Author	Autore
Collection	Collezione
Context	Contesto
Duality	Dualità
Epic	Epico
Historical	Storico
Humorous	Umoristico
Inventive	Inventivo
Literary	Letterario
Narrator	Narratore
Novel	Romanzo
Page	Pagina
Poetry	Poesia
Reader	Lettore
Relevant	Rilevante
Series	Serie
Story	Storia
Tragic	Tragico
Written	Scritto

Buildings
Edifici

Apartment	Appartamento
Barn	Fienile
Cabin	Cabina
Castle	Castello
Cinema	Cinema
Embassy	Ambasciata
Factory	Fabbrica
Hospital	Ospedale
Hostel	Ostello
Hotel	Hotel
Laboratory	Laboratorio
Museum	Museo
Observatory	Osservatorio
School	Scuola
Stadium	Stadio
Supermarket	Supermercato
Tent	Tenda
Theater	Teatro
Tower	Torre
University	Università

Business
Attività Commerciale

Budget	Bilancio
Career	Carriera
Company	Società
Cost	Costo
Currency	Valuta
Discount	Sconto
Economics	Economia
Employee	Dipendente
Factory	Fabbrica
Finance	Finanza
Income	Reddito
Investment	Investimento
Manager	Manager
Merchandise	Merce
Money	Soldi
Office	Ufficio
Profit	Profitto
Sale	Vendita
Shop	Negozio
Taxes	Tasse

Camping
Campeggio

Adventure	Avventura
Animals	Animali
Cabin	Cabina
Canoe	Canoa
Compass	Bussola
Fire	Fuoco
Forest	Foresta
Fun	Divertimento
Hammock	Amaca
Hat	Cappello
Hunting	Caccia
Insect	Insetto
Lake	Lago
Map	Mappa
Moon	Luna
Mountain	Montagna
Nature	Natura
Rope	Corda
Tent	Tenda
Trees	Alberi

Chemistry
Chimica

Acid	Acido
Alkaline	Alcalino
Atomic	Atomico
Carbon	Carbonio
Catalyst	Catalizzatore
Chlorine	Cloro
Electron	Elettrone
Enzyme	Enzima
Gas	Gas
Heat	Calore
Hydrogen	Idrogeno
Ion	Ione
Liquid	Liquido
Molecule	Molecola
Nuclear	Nucleare
Organic	Organico
Oxygen	Ossigeno
Salt	Sale
Temperature	Temperatura
Weight	Peso

Chess
Scacchi

Black	Nero
Challenges	Sfide
Champion	Campione
Clever	Intelligente
Contest	Concorso
Diagonal	Diagonale
Game	Gioco
King	Re
Opponent	Avversario
Passive	Passivo
Player	Giocatore
Points	Punti
Queen	Regina
Rules	Regole
Sacrifice	Sacrificio
Strategy	Strategia
Time	Tempo
To Learn	Per Imparare
Tournament	Torneo
White	Bianco

Chocolate
Cioccolato

Antioxidant	Antiossidante
Aroma	Aroma
Artisanal	Artigianale
Bitter	Amaro
Cacao	Cacao
Calories	Calorie
Candy	Caramella
Caramel	Caramello
Coconut	Noce di Cocco
Delicious	Delizioso
Exotic	Esotico
Favorite	Preferito
Ingredient	Ingrediente
Peanuts	Arachidi
Quality	Qualità
Recipe	Ricetta
Sugar	Zucchero
Sweet	Dolce
Taste	Gusto
To Eat	Mangiare

Clothes
Vestiti

Apron	Grembiule
Belt	Cintura
Blouse	Camicetta
Bracelet	Braccialetto
Coat	Cappotto
Dress	Abito
Fashion	Moda
Gloves	Guanti
Hat	Cappello
Jacket	Giacca
Jeans	Jeans
Jewelry	Gioiello
Pajamas	Pigiama
Pants	Pantaloni
Sandals	Sandali
Scarf	Sciarpa
Shirt	Camicia
Shoe	Scarpa
Skirt	Gonna
Sweater	Maglione

Coffee
Caffè

Acidic	Acido
Aroma	Aroma
Beverage	Bevanda
Bitter	Amaro
Black	Nero
Caffeine	Caffeina
Cream	Crema
Cup	Tazza
Filter	Filtro
Flavor	Gusto
Grind	Macinare
Liquid	Liquido
Milk	Latte
Morning	Mattina
Origin	Origine
Price	Prezzo
Roasted	Arrostito
Sugar	Zucchero
To Drink	Bere
Water	Acqua

Countries #1
Paesi #1

Brazil	Brasile
Canada	Canada
Egypt	Egitto
Finland	Finlandia
Germany	Germania
Iraq	Iraq
Israel	Israele
Italy	Italia
Latvia	Lettonia
Libya	Libia
Morocco	Marocco
Nicaragua	Nicaragua
Norway	Norvegia
Panama	Panama
Poland	Polonia
Romania	Romania
Senegal	Senegal
Spain	Spagna
Venezuela	Venezuela
Vietnam	Vietnam

Countries #2
Paesi #2

Albania	Albania
Denmark	Danimarca
Ethiopia	Etiopia
Greece	Grecia
Haiti	Haiti
Jamaica	Giamaica
Japan	Giappone
Laos	Laos
Lebanon	Libano
Liberia	Liberia
Mexico	Messico
Nepal	Nepal
Nigeria	Nigeria
Pakistan	Pakistan
Russia	Russia
Somalia	Somalia
Sudan	Sudan
Syria	Siria
Uganda	Uganda
Ukraine	Ucraina

Creativity
Creatività

Artistic	Artistico
Authenticity	Autenticità
Clarity	Chiarezza
Dramatic	Drammatico
Emotions	Emozioni
Expression	Espressione
Fluidity	Fluidità
Ideas	Idee
Image	Immagine
Imagination	Immaginazione
Impression	Impressione
Inspiration	Ispirazione
Intensity	Intensità
Intuition	Intuizione
Inventive	Inventivo
Sensation	Sensazione
Skill	Abilità
Spontaneous	Spontaneo
Visions	Visioni
Vitality	Vitalità

Dance
Danza

Academy	Accademia
Art	Arte
Body	Corpo
Choreography	Coreografia
Classical	Classico
Cultural	Culturale
Culture	Cultura
Emotion	Emozione
Expressive	Espressivo
Grace	Grazia
Joyful	Gioioso
Jump	Salto
Movement	Movimento
Music	Musica
Partner	Compagno
Posture	Postura
Rehearsal	Prova
Rhythm	Ritmo
Traditional	Tradizionale
Visual	Visivo

Days and Months
Giorni e Mesi

April	Aprile
August	Agosto
Calendar	Calendario
February	Febbraio
Friday	Venerdì
January	Gennaio
July	Luglio
March	Marzo
Monday	Lunedì
Month	Mese
November	Novembre
October	Ottobre
Saturday	Sabato
September	Settembre
Sunday	Domenica
Thursday	Giovedì
Tuesday	Martedì
Wednesday	Mercoledì
Week	Settimana
Year	Anno

Diplomacy
Diplomazia

Adviser	Consigliere
Ambassador	Ambasciatore
Citizens	Cittadini
Civic	Civico
Community	Comunità
Conflict	Conflitto
Cooperation	Cooperazione
Diplomatic	Diplomatico
Discussion	Discussione
Embassy	Ambasciata
Ethics	Etica
Government	Governo
Humanitarian	Umanitario
Integrity	Integrità
Justice	Giustizia
Politics	Politica
Resolution	Risoluzione
Security	Sicurezza
Solution	Soluzione
Treaty	Trattato

Disease
Malattia

Abdominal	Addominale
Allergies	Allergie
Bacterial	Batterico
Body	Corpo
Bones	Ossa
Chronic	Cronico
Contagious	Contagioso
Genetic	Genetico
Health	Salute
Heart	Cuore
Hereditary	Ereditario
Immunity	Immunità
Inflammation	Infiammazione
Lumbar	Lombare
Neuropathy	Neuropatia
Pathogens	Patogeni
Respiratory	Respiratorio
Syndrome	Sindrome
Therapy	Terapia
Weak	Debole

Driving
Guida

Accident	Incidente
Brakes	Freni
Car	Auto
Danger	Pericolo
Driver	Autista
Fuel	Carburante
Garage	Garage
Gas	Gas
License	Licenza
Map	Mappa
Motor	Motore
Motorcycle	Moto
Pedestrian	Pedonale
Police	Polizia
Road	Strada
Safety	Sicurezza
Speed	Velocità
Traffic	Traffico
Truck	Camion
Tunnel	Tunnel

Ecology
Ecologia

Climate	Clima
Communities	Comunità
Diversity	Diversità
Drought	Siccità
Fauna	Fauna
Flora	Flora
Global	Globale
Habitat	Habitat
Marine	Marino
Marsh	Palude
Mountains	Montagne
Natural	Naturale
Nature	Natura
Plants	Piante
Resources	Risorse
Species	Specie
Survival	Sopravvivenza
Sustainable	Sostenibile
Vegetation	Vegetazione
Volunteers	Volontari

Electricity
Elettricità

Battery	Batteria
Bulb	Lampadina
Cable	Cavo
Electric	Elettrico
Electrician	Elettricista
Equipment	Attrezzatura
Generator	Generatore
Lamp	Lampada
Laser	Laser
Magnet	Magnete
Negative	Negativo
Network	Rete
Objects	Oggetti
Positive	Positivo
Quantity	Quantità
Socket	Presa
Storage	Conservazione
Telephone	Telefono
Television	Televisione
Wires	Fili

Emotions
Emozioni

Anger	Rabbia
Bliss	Beatitudine
Boredom	Noia
Calm	Calma
Content	Contenuto
Embarrassed	Imbarazzato
Excited	Eccitato
Fear	Paura
Grateful	Grato
Joy	Gioia
Kindness	Gentilezza
Love	Amore
Peace	Pace
Relief	Rilievo
Sadness	Tristezza
Satisfied	Soddisfatto
Surprise	Sorpresa
Sympathy	Simpatia
Tenderness	Tenerezza
Tranquility	Tranquillità

Energy
Energia

Battery	Batteria
Carbon	Carbonio
Diesel	Diesel
Electric	Elettrico
Electron	Elettrone
Entropy	Entropia
Environment	Ambiente
Fuel	Carburante
Gasoline	Benzina
Heat	Calore
Hydrogen	Idrogeno
Industry	Industria
Motor	Motore
Nuclear	Nucleare
Photon	Fotone
Pollution	Inquinamento
Renewable	Rinnovabile
Steam	Vapore
Turbine	Turbina
Wind	Vento

Engineering
Ingegneria

Angle	Angolo
Axis	Asse
Calculation	Calcolo
Construction	Costruzione
Depth	Profondità
Diagram	Diagramma
Diameter	Diametro
Diesel	Diesel
Distribution	Distribuzione
Energy	Energia
Gears	Ingranaggi
Levers	Leve
Liquid	Liquido
Machine	Macchina
Measurement	Misurazione
Motor	Motore
Propulsion	Propulsione
Stability	Stabilità
Strength	Forza
Structure	Struttura

Ethics
Etica

Altruism	Altruismo
Benevolent	Benevolo
Compassion	Compassione
Cooperation	Cooperazione
Dignity	Dignità
Diplomatic	Diplomatico
Honesty	Onestà
Humanity	Umanità
Integrity	Integrità
Kindness	Gentilezza
Optimism	Ottimismo
Patience	Pazienza
Philosophy	Filosofia
Rationality	Razionalità
Realism	Realismo
Reasonable	Ragionevole
Respectful	Rispettoso
Tolerance	Tolleranza
Values	Valori
Wisdom	Saggezza

Family
Famiglia

Ancestor	Antenato
Aunt	Zia
Brother	Fratello
Child	Bambino
Childhood	Infanzia
Children	Bambini
Cousin	Cugino
Daughter	Figlia
Father	Padre
Grandfather	Nonno
Grandson	Nipote
Husband	Marito
Maternal	Materno
Mother	Madre
Nephew	Nipote
Niece	Nipote
Paternal	Paterno
Sister	Sorella
Uncle	Zio
Wife	Moglie

Farm #1
Fattoria #1

Agriculture	Agricoltura
Bee	Ape
Bison	Bisonte
Calf	Vitello
Cat	Gatto
Chicken	Pollo
Cow	Mucca
Crow	Corvo
Dog	Cane
Donkey	Asino
Fence	Recinto
Fertilizer	Fertilizzante
Field	Campo
Goat	Capra
Hay	Fieno
Honey	Miele
Horse	Cavallo
Rice	Riso
Seeds	Semi
Water	Acqua

Farm #2
Fattoria #2

Animals	Animali
Barley	Orzo
Barn	Fienile
Corn	Mais
Duck	Anatra
Farmer	Agricoltore
Food	Cibo
Fruit	Frutta
Irrigation	Irrigazione
Lamb	Agnello
Llama	Lama
Meadow	Prato
Milk	Latte
Orchard	Frutteto
Sheep	Pecora
Shepherd	Pastore
To Grow	Crescere
Tractor	Trattore
Vegetable	Verdura
Wheat	Grano

Fashion
Moda

Boutique	Boutique
Buttons	Pulsanti
Clothing	Abbigliamento
Comfortable	Confortevole
Elegant	Elegante
Embroidery	Ricamo
Expensive	Caro
Fabric	Tessuto
Lace	Pizzo
Measurements	Misure
Minimalist	Minimalista
Modern	Moderno
Modest	Modesto
Original	Originale
Pattern	Modello
Practical	Pratico
Simple	Semplice
Style	Stile
Texture	Trama
Trend	Tendenza

Flowers
Fiori

Bouquet	Mazzo
Calendula	Calendula
Clover	Trifoglio
Daffodil	Narciso
Daisy	Margherita
Gardenia	Gardenia
Hibiscus	Ibisco
Jasmine	Gelsomino
Lavender	Lavanda
Lilac	Lilla
Lily	Giglio
Magnolia	Magnolia
Orchid	Orchidea
Passionflower	Passiflora
Peony	Peonia
Petal	Petalo
Plumeria	Plumeria
Poppy	Papavero
Sunflower	Girasole
Tulip	Tulipano

Food #1
Cibo #1

Apricot	Albicocca
Barley	Orzo
Basil	Basilico
Carrot	Carota
Cinnamon	Cannella
Garlic	Aglio
Juice	Succo
Lemon	Limone
Milk	Latte
Onion	Cipolla
Peanut	Arachidi
Pear	Pera
Salad	Insalata
Salt	Sale
Soup	Minestra
Spinach	Spinaci
Strawberry	Fragola
Sugar	Zucchero
Tuna	Tonno
Turnip	Rapa

Food #2
Cibo #2

Apple	Mela
Artichoke	Carciofo
Banana	Banana
Broccoli	Broccolo
Celery	Sedano
Cheese	Formaggio
Cherry	Ciliegia
Chicken	Pollo
Chocolate	Cioccolato
Egg	Uovo
Eggplant	Melanzana
Fish	Pesce
Grape	Uva
Ham	Prosciutto
Kiwi	Kiwi
Mushroom	Fungo
Rice	Riso
Tomato	Pomodoro
Wheat	Grano
Yogurt	Yogurt

Force and Gravity
Forza e Gravità

Axis	Asse
Center	Centro
Discovery	Scoperta
Distance	Distanza
Dynamic	Dinamico
Expansion	Espansione
Friction	Attrito
Impact	Impatto
Magnetism	Magnetismo
Mechanics	Meccanica
Orbit	Orbita
Physics	Fisica
Pressure	Pressione
Properties	Proprietà
Speed	Velocità
Time	Tempo
To Accelerate	Accelerare
To Generate	Generare
Universal	Universale
Weight	Peso

Fruit
Frutta

Apple	Mela
Apricot	Albicocca
Avocado	Avocado
Banana	Banana
Berry	Bacca
Cherry	Ciliegia
Coconut	Noce di Cocco
Fig	Fico
Grape	Uva
Guava	Guava
Kiwi	Kiwi
Lemon	Limone
Mango	Mango
Melon	Melone
Nectarine	Nettarina
Papaya	Papaia
Peach	Pesca
Pear	Pera
Pineapple	Ananas
Raspberry	Lampone

Garden
Giardino

Bench	Panca
Bush	Cespuglio
Fence	Recinto
Flower	Fiore
Garage	Garage
Garden	Giardino
Grass	Erba
Hammock	Amaca
Hose	Tubo
Lawn	Prato
Orchard	Frutteto
Pond	Stagno
Porch	Portico
Rake	Rastrello
Shovel	Pala
Terrace	Terrazza
Trampoline	Trampolino
Tree	Albero
Vine	Vite
Weeds	Erbacce

Gardening
Giardinaggio

Blossom	Fiorire
Botanical	Botanico
Bouquet	Mazzo
Climate	Clima
Compost	Compost
Container	Contenitore
Dirt	Sporco
Edible	Commestibile
Exotic	Esotico
Floral	Floreale
Foliage	Fogliame
Hose	Tubo
Leaf	Foglia
Moisture	Umidità
Orchard	Frutteto
Seasonal	Stagionale
Seeds	Semi
Soil	Suolo
Species	Specie
Water	Acqua

Geography
Geografia

Altitude	Altitudine
Atlas	Atlante
City	Città
Continent	Continente
Country	Paese
Hemisphere	Emisfero
Island	Isola
Latitude	Latitudine
Map	Mappa
Meridian	Meridiano
Mountain	Montagna
North	Nord
Ocean	Oceano
Region	Regione
River	Fiume
Sea	Mare
South	Sud
Territory	Territorio
West	Ovest
World	Mondo

Geology
Geologia

Acid	Acido
Calcium	Calcio
Cavern	Caverna
Continent	Continente
Coral	Corallo
Crystals	Cristalli
Cycles	Cicli
Earthquake	Terremoto
Erosion	Erosione
Fossil	Fossile
Geyser	Geyser
Lava	Lava
Layer	Strato
Minerals	Minerali
Plateau	Altopiano
Quartz	Quarzo
Salt	Sale
Stalactite	Stalattite
Stone	Pietra
Volcano	Vulcano

Geometry
Geometria

Angle	Angolo
Calculation	Calcolo
Circle	Cerchio
Curve	Curva
Diameter	Diametro
Dimension	Dimensione
Equation	Equazione
Height	Altezza
Horizontal	Orizzontale
Logic	Logica
Mass	Massa
Median	Mediano
Number	Numero
Parallel	Parallelo
Proportion	Proporzione
Segment	Segmento
Surface	Superficie
Symmetry	Simmetria
Theory	Teoria
Triangle	Triangolo

Global Warming
Riscaldamento Globale

Arctic	Artico
Attention	Attenzione
Climate	Clima
Crisis	Crisi
Data	Dati
Development	Sviluppo
Energy	Energia
Environmental	Ambientale
Future	Futuro
Gas	Gas
Generations	Generazioni
Government	Governo
Habitats	Habitat
Industry	Industria
Legislation	Legislazione
Now	Ora
Populations	Popolazioni
Scientist	Scienziato
Temperatures	Temperature
To Reduce	Ridurre

Government
Governo

Citizenship	Cittadinanza
Civil	Civile
Constitution	Costituzione
Democracy	Democrazia
Discussion	Discussione
Dissent	Dissenso
District	Quartiere
Equality	Uguaglianza
Independence	Indipendenza
Judicial	Giudiziario
Justice	Giustizia
Law	Legge
Leader	Capo
Liberty	Libertà
Monument	Monumento
Nation	Nazione
Politics	Politica
Speech	Discorso
State	Stato
Symbol	Simbolo

Hair Types
Tipi di Capelli

Bald	Calvo
Black	Nero
Blond	Biondo
Braided	Intrecciato
Braids	Trecce
Brown	Marrone
Colored	Colorato
Curls	Riccioli
Curly	Riccio
Dry	Asciutto
Gray	Grigio
Healthy	Sano
Long	Lungo
Shiny	Lucido
Short	Breve
Soft	Morbido
Thick	Spessore
Thin	Sottile
Wavy	Ondulato
White	Bianco

Health and Wellness #1
Salute e Benessere #1

Active	Attivo
Bacteria	Batteri
Bones	Ossa
Clinic	Clinica
Doctor	Medico
Fracture	Frattura
Habit	Abitudine
Height	Altezza
Hormones	Ormoni
Hunger	Fame
Medicine	Medicina
Muscles	Muscoli
Nerves	Nervi
Pharmacy	Farmacia
Reflex	Riflesso
Relaxation	Rilassamento
Skin	Pelle
Therapy	Terapia
Treatment	Trattamento
Virus	Virus

Health and Wellness #2
Salute e Benessere #2

Allergy	Allergia
Anatomy	Anatomia
Appetite	Appetito
Blood	Sangue
Calorie	Caloria
Diet	Dieta
Disease	Malattia
Energy	Energia
Genetics	Genetica
Healthy	Sano
Hospital	Ospedale
Hygiene	Igiene
Infection	Infezione
Massage	Massaggio
Mood	Umore
Nutrition	Nutrizione
Recovery	Recupero
Stress	Stress
Vitamin	Vitamina
Weight	Peso

Herbalism
Erboristeria

Aromatic	Aromatico
Basil	Basilico
Beneficial	Benefico
Culinary	Culinario
Fennel	Finocchio
Flavor	Gusto
Flower	Fiore
Garden	Giardino
Garlic	Aglio
Green	Verde
Ingredient	Ingrediente
Lavender	Lavanda
Marjoram	Maggiorana
Mint	Menta
Oregano	Origano
Parsley	Prezzemolo
Plant	Pianta
Rosemary	Rosmarino
Saffron	Zafferano
Tarragon	Dragoncello

Hiking
Escursionismo

Animals	Animali
Boots	Stivali
Camping	Campeggio
Cliff	Scogliera
Climate	Clima
Guides	Guide
Hazards	Pericoli
Heavy	Pesante
Map	Mappa
Mountain	Montagna
Nature	Natura
Orientation	Orientamento
Parks	Parchi
Preparation	Preparazione
Stones	Pietre
Summit	Vertice
Sun	Sole
Tired	Stanco
Water	Acqua
Wild	Selvaggio

House
Casa

Attic	Attico
Broom	Scopa
Curtains	Tende
Door	Porta
Fence	Recinto
Fireplace	Camino
Floor	Pavimento
Furniture	Mobilio
Garage	Garage
Garden	Giardino
Keys	Chiavi
Kitchen	Cucina
Lamp	Lampada
Library	Biblioteca
Mirror	Specchio
Roof	Tetto
Room	Camera
Shower	Doccia
Wall	Parete
Window	Finestra

Human Body
Corpo Umano

Ankle	Caviglia
Blood	Sangue
Bones	Ossa
Brain	Cervello
Chin	Mento
Ear	Orecchio
Elbow	Gomito
Face	Faccia
Finger	Dito
Hand	Mano
Head	Testa
Heart	Cuore
Jaw	Mascella
Knee	Ginocchio
Leg	Gamba
Mouth	Bocca
Neck	Collo
Nose	Naso
Shoulder	Spalla
Skin	Pelle

Insects
Insetti

Ant	Formica
Aphid	Afide
Bee	Ape
Beetle	Coleottero
Butterfly	Farfalla
Cicada	Cicala
Cockroach	Scarafaggio
Dragonfly	Libellula
Flea	Pulce
Grasshopper	Cavalletta
Hornet	Calabrone
Ladybug	Coccinella
Larva	Larva
Locust	Locusta
Mantis	Mantide
Mosquito	Zanzara
Moth	Falena
Termite	Termite
Wasp	Vespa
Worm	Verme

Jazz
Jazz

Album	Album
Applause	Applauso
Artist	Artista
Composer	Compositore
Composition	Composizione
Concert	Concerto
Drums	Batteria
Emphasis	Enfasi
Famous	Famoso
Favorites	Preferiti
Genre	Genere
Music	Musica
New	Nuovo
Old	Vecchio
Orchestra	Orchestra
Rhythm	Ritmo
Song	Canzone
Style	Stile
Talent	Talento
Technique	Tecnica

Kitchen
Cucina

Apron	Grembiule
Bowl	Ciotola
Chopsticks	Bacchette
Cups	Tazze
Food	Cibo
Forks	Forchette
Freezer	Congelatore
Grill	Griglia
Jar	Vaso
Jug	Brocca
Kettle	Bollitore
Knives	Coltelli
Napkin	Tovagliolo
Oven	Forno
Recipe	Ricetta
Refrigerator	Frigorifero
Spices	Spezie
Sponge	Spugna
Spoons	Cucchiai
To Eat	Mangiare

Landscapes
Paesaggi

Beach	Spiaggia
Cave	Grotta
Desert	Deserto
Geyser	Geyser
Glacier	Ghiacciaio
Hill	Collina
Iceberg	Iceberg
Island	Isola
Lake	Lago
Mountain	Montagna
Oasis	Oasi
Ocean	Oceano
Peninsula	Penisola
River	Fiume
Sea	Mare
Swamp	Palude
Tundra	Tundra
Valley	Valle
Volcano	Vulcano
Waterfall	Cascata

Literature
Letteratura

Analogy	Analogia
Analysis	Analisi
Anecdote	Aneddoto
Author	Autore
Biography	Biografia
Comparison	Confronto
Conclusion	Conclusione
Description	Descrizione
Dialogue	Dialogo
Fiction	Finzione
Metaphor	Metafora
Narrator	Narratore
Novel	Romanzo
Poem	Poesia
Poetic	Poetico
Rhyme	Rima
Rhythm	Ritmo
Style	Stile
Theme	Tema
Tragedy	Tragedia

Mammals
Mammiferi

Bear	Orso
Beaver	Castoro
Bull	Toro
Cat	Gatto
Coyote	Coyote
Dog	Cane
Dolphin	Delfino
Elephant	Elefante
Fox	Volpe
Giraffe	Giraffa
Gorilla	Gorilla
Horse	Cavallo
Kangaroo	Canguro
Lion	Leone
Monkey	Scimmia
Rabbit	Coniglio
Sheep	Pecora
Whale	Balena
Wolf	Lupo
Zebra	Zebra

Math
Matematica

Angles	Angoli
Arithmetic	Aritmetica
Circumference	Circonferenza
Decimal	Decimale
Diameter	Diametro
Division	Divisione
Equation	Equazione
Exponent	Esponente
Fraction	Frazione
Geometry	Geometria
Numbers	Numeri
Parallel	Parallelo
Perimeter	Perimetro
Polygon	Poligono
Radius	Raggio
Rectangle	Rettangolo
Square	Quadrato
Symmetry	Simmetria
Triangle	Triangolo
Volume	Volume

Measurements
Misurazioni

Byte	Byte
Centimeter	Centimetro
Decimal	Decimale
Degree	Grado
Depth	Profondità
Gram	Grammo
Height	Altezza
Inch	Pollice
Kilogram	Chilogrammo
Kilometer	Chilometro
Length	Lunghezza
Liter	Litro
Mass	Massa
Meter	Metro
Minute	Minuto
Ounce	Oncia
Ton	Tonnellata
Volume	Volume
Weight	Peso
Width	Larghezza

Meditation
Meditazione

Acceptance	Accettazione
Awake	Sveglio
Breathing	Respirazione
Calm	Calma
Clarity	Chiarezza
Compassion	Compassione
Emotions	Emozioni
Gratitude	Gratitudine
Habits	Abitudini
Kindness	Gentilezza
Mental	Mentale
Mind	Mente
Movement	Movimento
Music	Musica
Nature	Natura
Peace	Pace
Perspective	Prospettiva
Silence	Silenzio
Thoughts	Pensieri
To Learn	Per Imparare

Music
Musica

Album	Album
Ballad	Ballata
Chorus	Coro
Classical	Classico
Eclectic	Eclettico
Harmonic	Armonico
Harmony	Armonia
Lyrical	Lirico
Melody	Melodia
Microphone	Microfono
Musical	Musicale
Musician	Musicista
Opera	Opera
Poetic	Poetico
Recording	Registrazione
Rhythm	Ritmo
Rhythmic	Ritmico
Sing	Cantare
Singer	Cantante
Vocal	Vocale

Musical Instruments
Strumenti Musicali

Banjo	Banjo
Bassoon	Fagotto
Cello	Violoncello
Chimes	Carillon
Clarinet	Clarinetto
Drum	Tamburo
Flute	Flauto
Gong	Gong
Guitar	Chitarra
Harp	Arpa
Mandolin	Mandolino
Marimba	Marimba
Oboe	Oboe
Percussion	Percussione
Piano	Pianoforte
Saxophone	Sassofono
Tambourine	Tamburello
Trombone	Trombone
Trumpet	Tromba
Violin	Violino

Mythology
Mitologia

Archetype	Archetipo
Behavior	Comportamento
Beliefs	Credenze
Creation	Creazione
Creature	Creatura
Culture	Cultura
Deities	Divinità
Disaster	Disastro
Heaven	Paradiso
Hero	Eroe
Immortality	Immortalità
Jealousy	Gelosia
Labyrinth	Labirinto
Legend	Leggenda
Lightning	Fulmine
Monster	Mostro
Mortal	Mortale
Revenge	Vendetta
Thunder	Tuono
Warrior	Guerriero

Nature
Natura

Animals	Animali
Arctic	Artico
Beauty	Bellezza
Bees	Api
Cliffs	Scogliere
Clouds	Nuvole
Desert	Deserto
Dynamic	Dinamico
Erosion	Erosione
Fog	Nebbia
Foliage	Fogliame
Forest	Foresta
Glacier	Ghiacciaio
Mountains	Montagne
River	Fiume
Sanctuary	Santuario
Serene	Sereno
Tropical	Tropicale
Vital	Vitale
Wild	Selvaggio

Numbers
Numeri

Decimal	Decimale
Eight	Otto
Eighteen	Diciotto
Fifteen	Quindici
Five	Cinque
Four	Quattro
Fourteen	Quattordici
Nine	Nove
Nineteen	Diciannove
One	Uno
Seven	Sette
Seventeen	Diciassette
Six	Sei
Sixteen	Sedici
Ten	Dieci
Thirteen	Tredici
Three	Tre
Twelve	Dodici
Twenty	Venti
Two	Due

Nutrition
Nutrizione

Appetite	Appetito
Balanced	Bilanciato
Bitter	Amaro
Calories	Calorie
Carbohydrates	Carboidrati
Diet	Dieta
Digestion	Digestione
Edible	Commestibile
Fermentation	Fermentazione
Flavor	Gusto
Habits	Abitudini
Health	Salute
Healthy	Sano
Nutrient	Nutriente
Proteins	Proteine
Quality	Qualità
Sauce	Salsa
Toxin	Tossina
Vitamin	Vitamina
Weight	Peso

Ocean
Oceano

Algae	Alghe
Coral	Corallo
Crab	Granchio
Dolphin	Delfino
Eel	Anguilla
Fish	Pesce
Jellyfish	Medusa
Octopus	Polpo
Oyster	Ostrica
Reef	Scogliera
Salt	Sale
Seaweed	Alga
Shark	Squalo
Shrimp	Gamberetto
Sponge	Spugna
Storm	Tempesta
Tides	Maree
Tuna	Tonno
Turtle	Tartaruga
Whale	Balena

Philanthropy
Filantropia

Challenges	Sfide
Charity	Carità
Children	Bambini
Community	Comunità
Contacts	Contatti
Donate	Donare
Finance	Finanza
Funds	Fondi
Generosity	Generosità
Goals	Obiettivi
Groups	Gruppi
History	Storia
Honesty	Onestà
Humanity	Umanità
Mission	Missione
Need	Bisogno
People	Persone
Programs	Programmi
Public	Pubblico
Youth	Gioventù

Physics
Fisica

Acceleration	Accelerazione
Atom	Atomo
Chaos	Caos
Chemical	Chimico
Density	Densità
Electron	Elettrone
Engine	Motore
Expansion	Espansione
Formula	Formula
Frequency	Frequenza
Gas	Gas
Magnetism	Magnetismo
Mass	Massa
Mechanics	Meccanica
Molecule	Molecola
Nuclear	Nucleare
Particle	Particella
Relativity	Relatività
Universal	Universale
Velocity	Velocità

Plants
Piante

Bamboo	Bambù
Bean	Fagiolo
Berry	Bacca
Botany	Botanica
Bush	Cespuglio
Cactus	Cactus
Fertilizer	Fertilizzante
Flora	Flora
Flower	Fiore
Foliage	Fogliame
Forest	Foresta
Garden	Giardino
Grass	Erba
Ivy	Edera
Moss	Muschio
Petal	Petalo
Root	Radice
Stem	Stelo
Tree	Albero
Vegetation	Vegetazione

Professions #1
Professioni #1

Ambassador	Ambasciatore
Astronomer	Astronomo
Attorney	Avvocato
Banker	Banchiere
Cartographer	Cartografo
Coach	Allenatore
Dancer	Ballerino
Doctor	Medico
Editor	Editore
Geologist	Geologo
Hunter	Cacciatore
Jeweler	Gioielliere
Musician	Musicista
Nurse	Infermiera
Pianist	Pianista
Plumber	Idraulico
Psychologist	Psicologo
Sailor	Marinaio
Tailor	Sarto
Veterinarian	Veterinario

Professions #2
Professioni #2

Astronaut	Astronauta
Biologist	Biologo
Dentist	Dentista
Detective	Detective
Engineer	Ingegnere
Farmer	Agricoltore
Gardener	Giardiniere
Illustrator	Illustratore
Inventor	Inventore
Journalist	Giornalista
Librarian	Bibliotecario
Linguist	Linguista
Painter	Pittore
Philosopher	Filosofo
Photographer	Fotografo
Physician	Medico
Pilot	Pilota
Surgeon	Chirurgo
Teacher	Insegnante
Zoologist	Zoologo

Psychology
Psicologia

Appointment	Appuntamento
Assessment	Valutazione
Behavior	Comportamento
Childhood	Infanzia
Clinical	Clinico
Cognition	Cognizione
Conflict	Conflitto
Dreams	Sogni
Ego	Ego
Emotions	Emozioni
Ideas	Idee
Perception	Percezione
Personality	Personalità
Problem	Problema
Reality	Realtà
Sensation	Sensazione
Subconscious	Subconscio
Therapy	Terapia
Thoughts	Pensieri
Unconscious	Inconscio

Rainforest
Foresta Pluviale

Amphibians	Anfibi
Birds	Uccelli
Botanical	Botanico
Climate	Clima
Clouds	Nuvole
Community	Comunità
Diversity	Diversità
Indigenous	Indigeno
Insects	Insetti
Jungle	Giungla
Mammals	Mammiferi
Moss	Muschio
Nature	Natura
Preservation	Preservazione
Refuge	Rifugio
Respect	Rispetto
Restoration	Restauro
Species	Specie
Survival	Sopravvivenza
Valuable	Prezioso

Restaurant #1
Ristorante #1

Allergy	Allergia
Bowl	Ciotola
Bread	Pane
Cashier	Cassiere
Chicken	Pollo
Coffee	Caffè
Dessert	Dessert
Food	Cibo
Ingredients	Ingredienti
Kitchen	Cucina
Knife	Coltello
Meat	Carne
Menu	Menù
Napkin	Tovagliolo
Plate	Piatto
Reservation	Prenotazione
Sauce	Salsa
Spicy	Piccante
To Eat	Mangiare
Waitress	Cameriera

Restaurant #2
Ristorante #2

Appetizer	Aperitivo
Beverage	Bevanda
Cake	Torta
Chair	Sedia
Delicious	Delizioso
Dinner	Cena
Eggs	Uova
Fish	Pesce
Fork	Forchetta
Fruit	Frutta
Ice	Ghiaccio
Lunch	Pranzo
Salad	Insalata
Salt	Sale
Soup	Minestra
Spices	Spezie
Spoon	Cucchiaio
Vegetables	Verdure
Waiter	Cameriere
Water	Acqua

Science
Scienza

Atom	Atomo
Chemical	Chimico
Climate	Clima
Data	Dati
Evolution	Evoluzione
Experiment	Esperimento
Fact	Fatto
Fossil	Fossile
Gravity	Gravità
Hypothesis	Ipotesi
Laboratory	Laboratorio
Method	Metodo
Minerals	Minerali
Molecules	Molecole
Nature	Natura
Organism	Organismo
Particles	Particelle
Physics	Fisica
Plants	Piante
Scientist	Scienziato

Science Fiction
Fantascienza

Atomic	Atomico
Books	Libri
Cinema	Cinema
Clones	Cloni
Dystopia	Distopia
Explosion	Esplosione
Extreme	Estremo
Fantastic	Fantastico
Fire	Fuoco
Futuristic	Futuristico
Galaxy	Galassia
Illusion	Illusione
Imaginary	Immaginario
Mysterious	Misterioso
Oracle	Oracolo
Planet	Pianeta
Robots	Robot
Technology	Tecnologia
Utopia	Utopia
World	Mondo

Scientific Disciplines
Discipline Scientifiche

Anatomy	Anatomia
Archaeology	Archeologia
Astronomy	Astronomia
Biochemistry	Biochimica
Biology	Biologia
Botany	Botanica
Chemistry	Chimica
Ecology	Ecologia
Geology	Geologia
Immunology	Immunologia
Kinesiology	Kinesiologia
Linguistics	Linguistica
Mechanics	Meccanica
Mineralogy	Mineralogia
Neurology	Neurologia
Physiology	Fisiologia
Psychology	Psicologia
Sociology	Sociologia
Thermodynamics	Termodinamica
Zoology	Zoologia

Shapes
Forme

Arc	Arco
Circle	Cerchio
Cone	Cono
Corner	Angolo
Cube	Cubo
Curve	Curva
Cylinder	Cilindro
Edges	Bordi
Ellipse	Ellisse
Hyperbola	Iperbole
Line	Linea
Oval	Ovale
Polygon	Poligono
Prism	Prisma
Pyramid	Piramide
Rectangle	Rettangolo
Side	Lato
Sphere	Sfera
Square	Quadrato
Triangle	Triangolo

Spices
Spezie

Anise	Anice
Bitter	Amaro
Cardamom	Cardamomo
Cinnamon	Cannella
Coriander	Coriandolo
Cumin	Cumino
Curry	Curry
Fennel	Finocchio
Fenugreek	Fieno Greco
Flavor	Gusto
Garlic	Aglio
Ginger	Zenzero
Licorice	Liquirizia
Nutmeg	Noce Moscata
Onion	Cipolla
Paprika	Paprika
Saffron	Zafferano
Salt	Sale
Sweet	Dolce
Vanilla	Vaniglia

Sport
Sport

Ability	Capacità
Athlete	Atleta
Body	Corpo
Bones	Ossa
Coach	Allenatore
Cycling	Ciclismo
Dancing	Danza
Diet	Dieta
Endurance	Resistenza
Goal	Obiettivo
Health	Salute
Jogging	Jogging
Maximize	Massimizzare
Metabolic	Metabolico
Muscles	Muscoli
Nutrition	Nutrizione
Program	Programma
Sports	Sportivo
Strength	Forza
To Swim	Nuotare

The Company
L'Azienda

Creative	Creativo
Decision	Decisione
Employment	Occupazione
Global	Globale
Industry	Industria
Innovative	Innovativo
Investment	Investimento
Possibility	Possibilità
Presentation	Presentazione
Product	Prodotto
Professional	Professionale
Progress	Progresso
Quality	Qualità
Reputation	Reputazione
Resources	Risorse
Revenue	Reddito
Risks	Rischi
To Generate	Generare
Trends	Tendenze
Units	Unità

The Media
I Media

Advertisements	Pubblicità
Attitudes	Atteggiamenti
Commercial	Commerciale
Communication	Comunicazione
Digital	Digitale
Edition	Edizione
Education	Educazione
Facts	Fatti
Funding	Finanziamento
Images	Immagini
Individual	Individuale
Industry	Industria
Intellectual	Intellettuale
Local	Locale
Network	Rete
Newspapers	Giornali
Online	Online
Opinion	Opinione
Public	Pubblico
Radio	Radio

Congratulations

You made it!

We hope you enjoyed this book as much as we enjoyed making it. We do our best to make high quality games.
These puzzles are designed in a clever way for you to learn actively while having fun!

Did you love them?

A Simple Request

Our books exist thanks your reviews. Could you help us by leaving one now?

Here is a short link which will take you to your order review page:

BestBooksActivity.com/Review50

MONSTER CHALLENGE!

Challenge #1

Ready for Your Bonus Game? We use them all the time but they are not so easy to find. Here are **Synonyms**!

Note 5 words you discovered in each of the Puzzles noted below (#21, #36, #76) and try to find 2 synonyms for each word.

Note 5 Words from *Puzzle 21*

Words	Synonym 1	Synonym 2

Note 5 Words from *Puzzle 36*

Words	Synonym 1	Synonym 2

Note 5 Words from *Puzzle 76*

Words	Synonym 1	Synonym 2

Challenge #2

Now that you are warmed-up, note 5 words you discovered in each Puzzle noted below (#9, #17, #25) and try to find 2 antonyms for each word. How many lines can you do in 20 minutes?

*Note 5 Words from **Puzzle 9***

Words	Antonym 1	Antonym 2

*Note 5 Words from **Puzzle 17***

Words	Antonym 1	Antonym 2

*Note 5 Words from **Puzzle 25***

Words	Antonym 1	Antonym 2

Challenge #3

Wonderful, this monster challenge is nothing to you!

Ready for the last one? Choose your 10 favorite words discovered in any of the Puzzles and note them below.

1.	6.
2.	7.
3.	8.
4.	9.
5.	10.

Now, using these words and within a maximum of six sentences, your challenge is to compose a text about a person, animal or place that you love!

Tip: You can use the last blank page of this book as a draft!

Your Writing:

Explore a Unique Store
Set Up **FOR YOU!**

MEGA DEALS

BestActivityBooks.com/**TheStore**

Designed for Entertainment!

Light Up Your Brain With Unique **Gift Ideas**.

Access **Surprising** And **Essential Supplies!**

CHECK OUT OUR MONTHLY SELECTION NOW!

- Expertly Crafted Products -

NOTEBOOK:

SEE YOU SOON!

Linguas Classics Team

www.ingramcontent.com/pod-product-compliance
Lightning Source LLC
Chambersburg PA
CBHW082151120626
46553CB00010B/2855